CW01369611

Wayne McGregor

Wayne McGregor
Random Dance

La grammatica del corpo:
un incontro tra danza, tecnologia e architettura

The grammar of the body:
an encounter between dance, technology and architecture

SilvanaEditoriale

venerdì 15 novembre 2013, ore 20.30
Friday 15 November 2013, 8:30 p.m.
Teatro Municipale Valli

Wayne McGregor | Random Dance
Atomos
prima nazionale / Italian première
ideazione, direzione e scene / concept, direction and set Wayne McGregor
coreografia / choreography Wayne McGregor
in collaborazione con i danzatori / in collaboration with the dancers

musica / music A Winged Victory for the Sullen
disegno luci / lighting design Lucy Carter
video / film Ravi Deepres
costumi / costume design Studio XO

Atomos è co-prodotto da Sadler's Wells, London; Montclair State University, New Jersey, USA;
Movimentos Festwochen der Autostadt in Wolfsburg, Germania; Festival Montpellier Dance 2014.
Atomos è co-commissionato da Fondazione I Teatri, Reggio Emilia, Italia;
Trinity Laban Conservatoire of Music and Dance, Londra, Regno Unito.
Atomos riceve il sostegno dell'Idlewild Trust.

Atomos is co-produced by Sadler's Wells, London; Montclair State University, New Jersey, USA;
Movimentos Festwochen der Autostadt in Wolfsburg, Germany; Festival Montpellier Dance 2014.
Atomos is co-commissioned by Fondazione I Teatri, Reggio Emilia, Italy;
Trinity Laban Conservatoire of Music and Dance, London, UK.
Atomos is supported by the Idlewild Trust.

Atomos

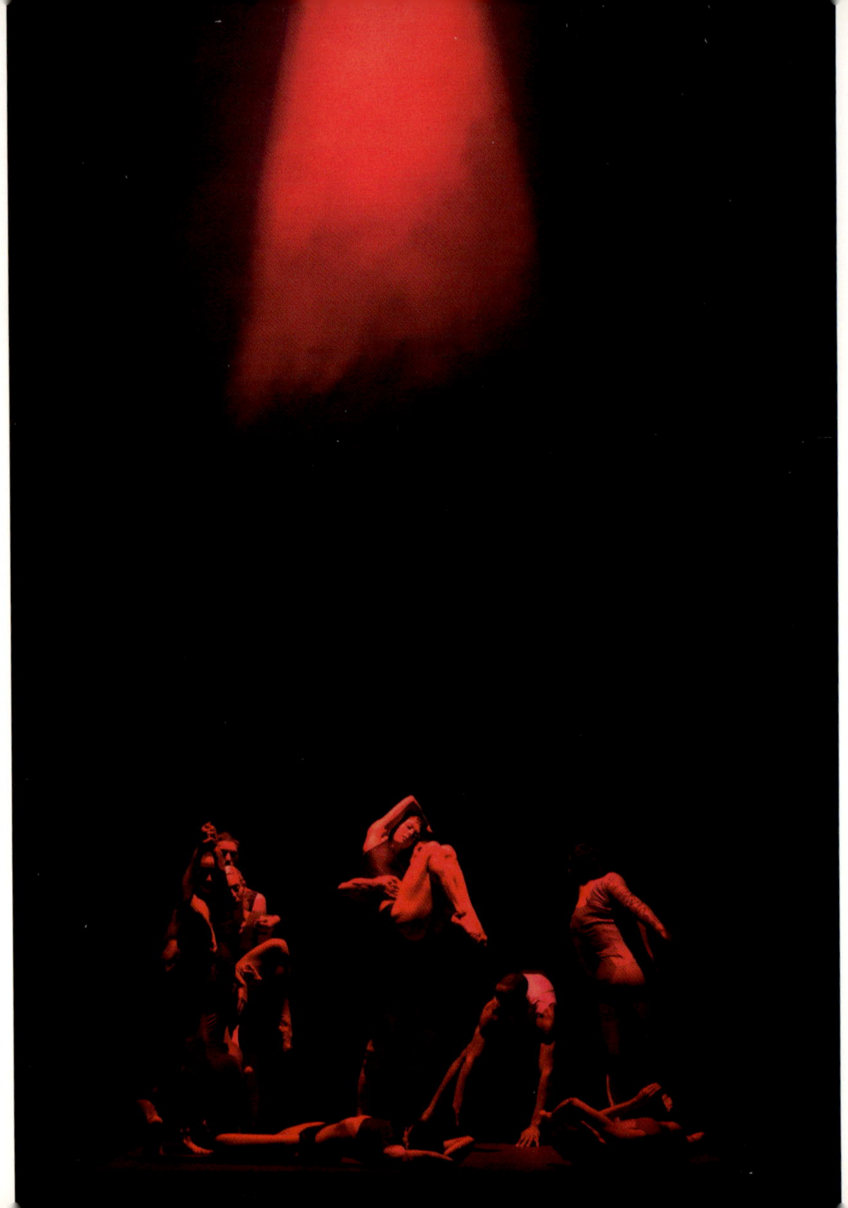

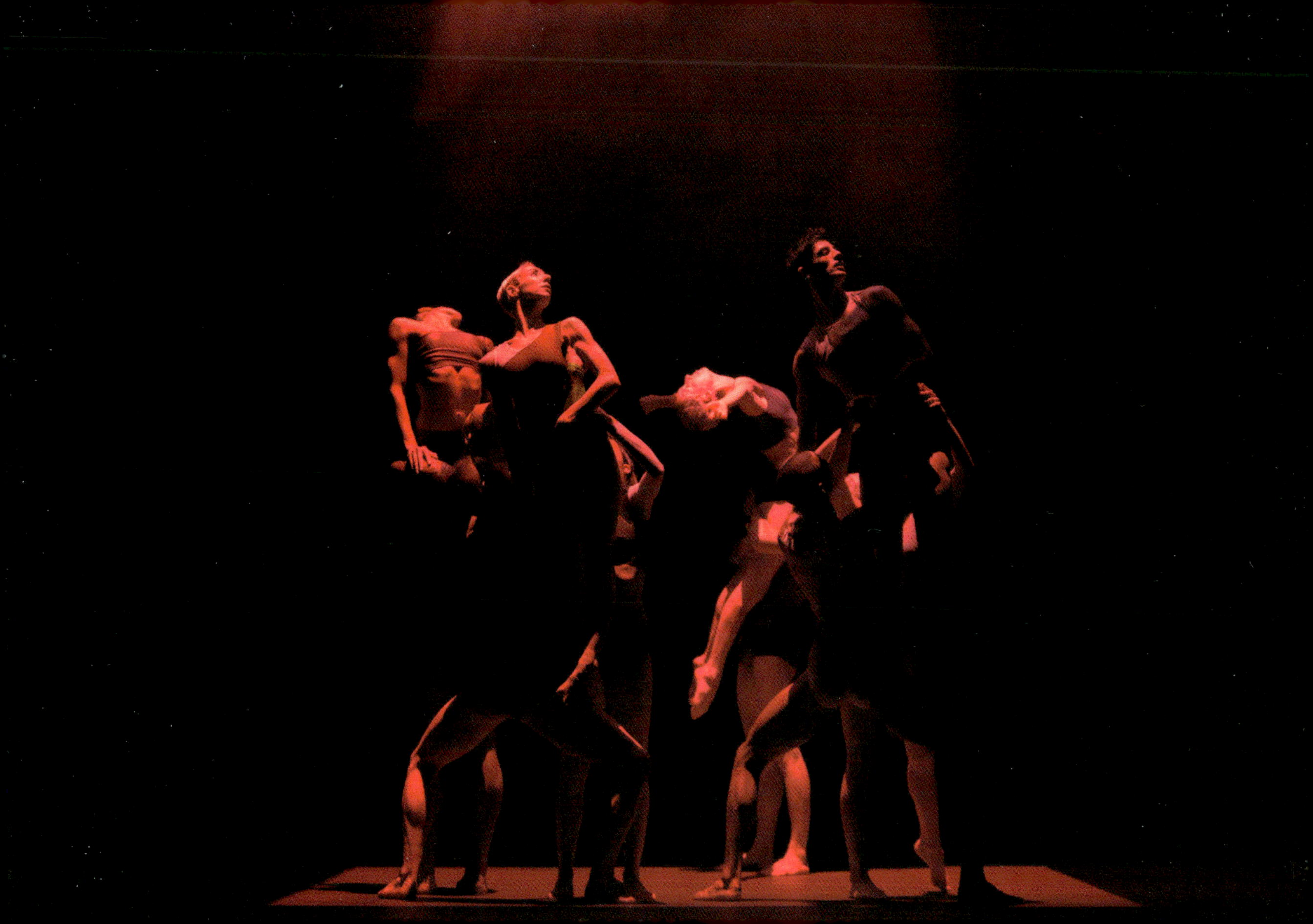

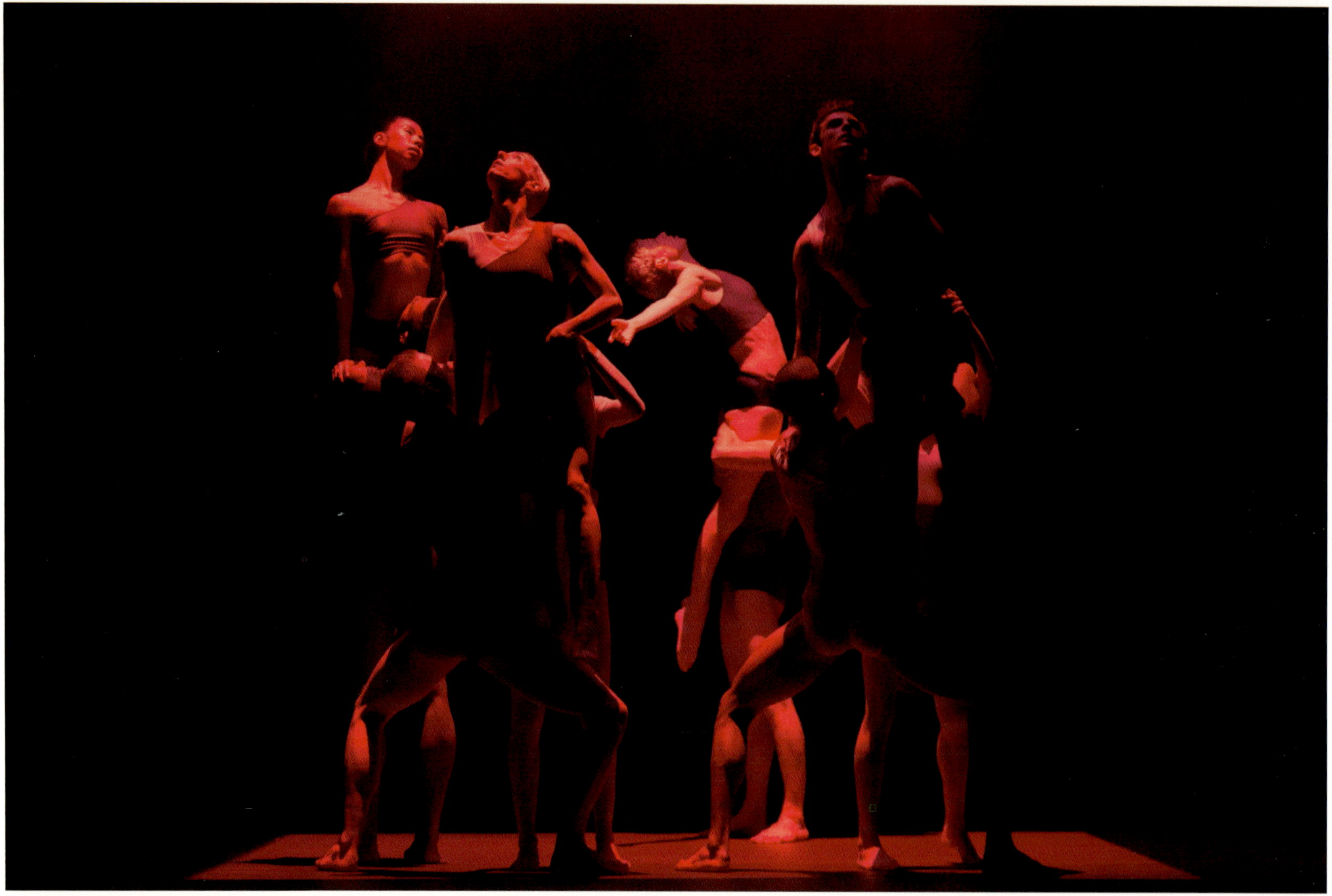

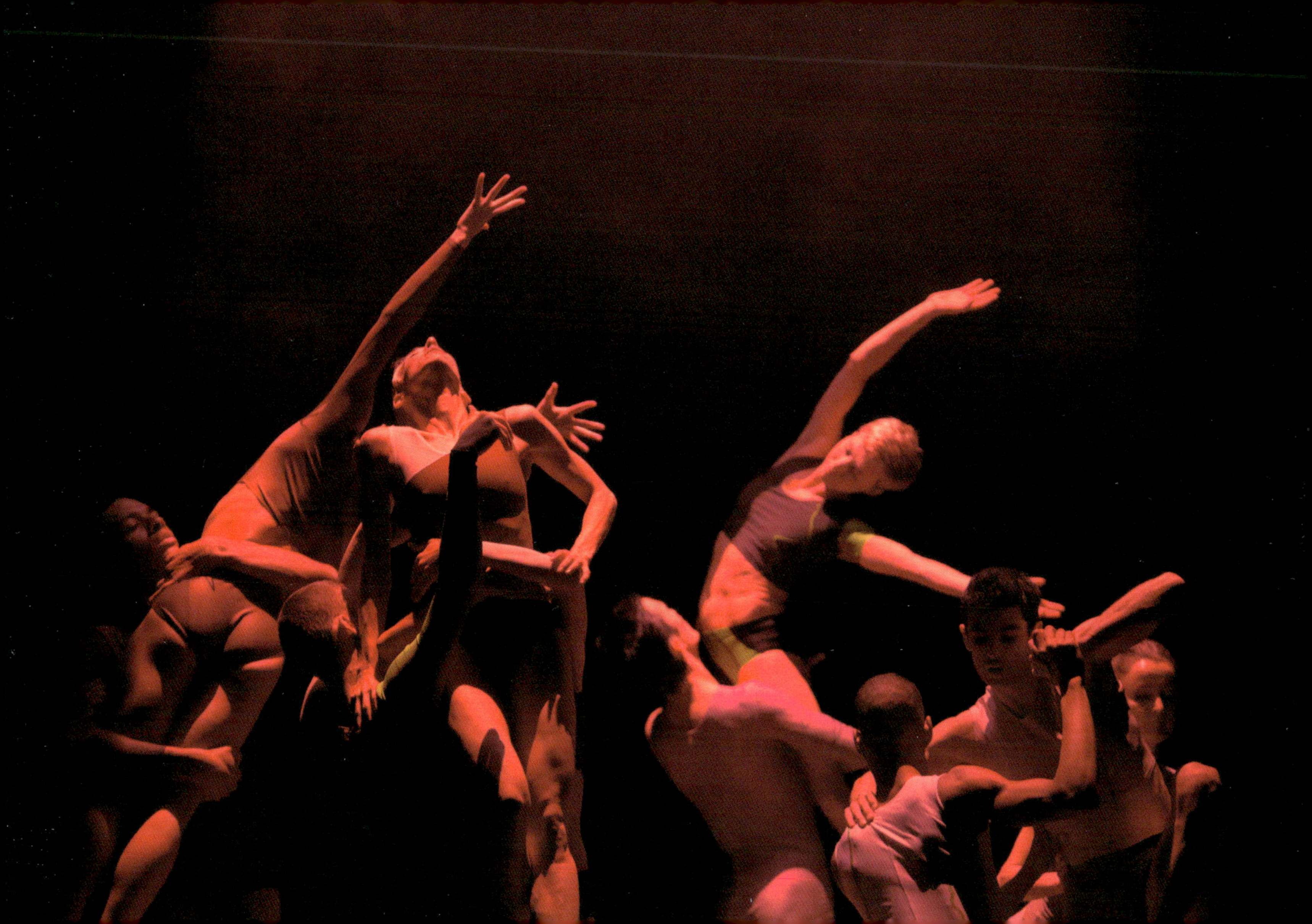

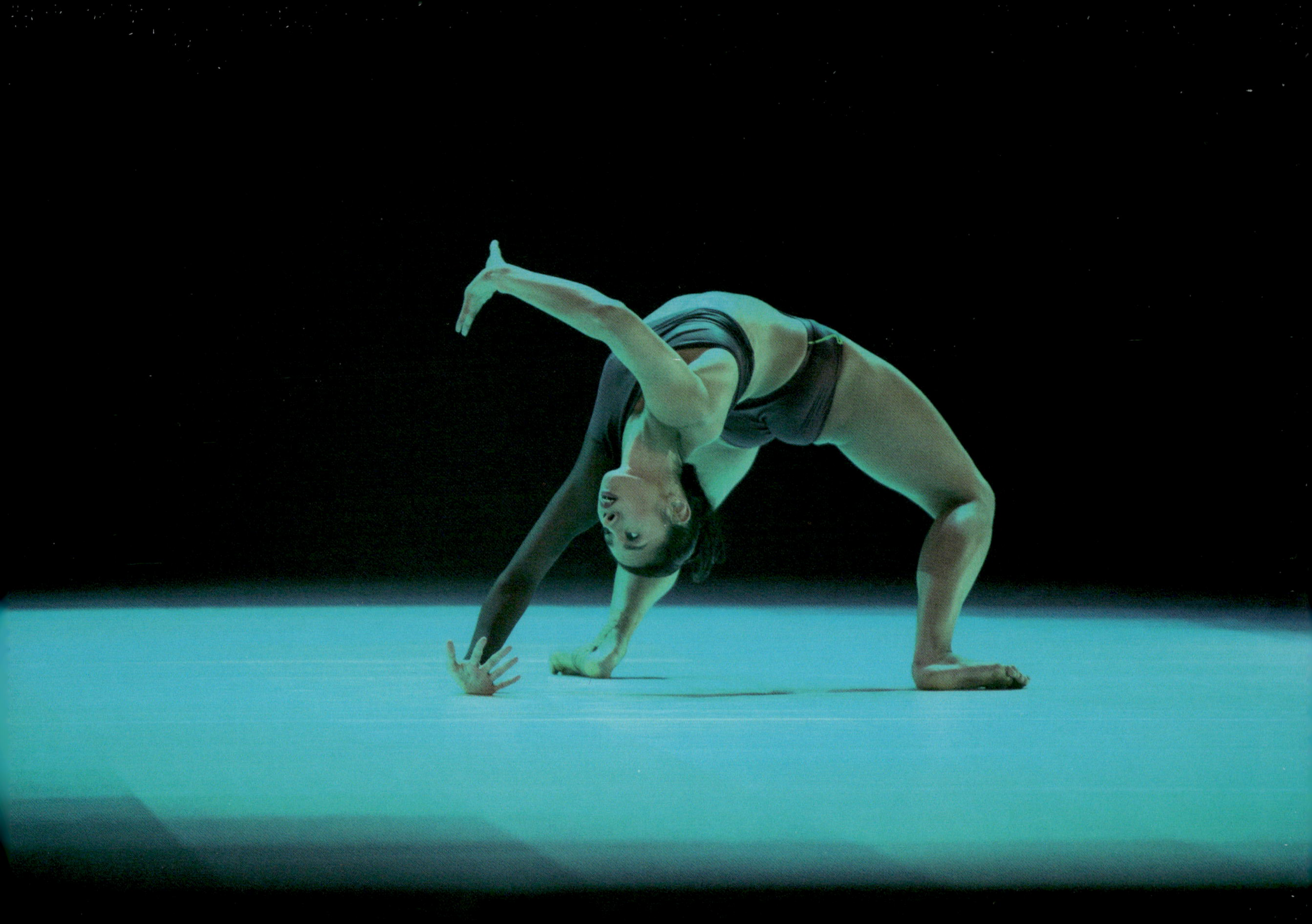

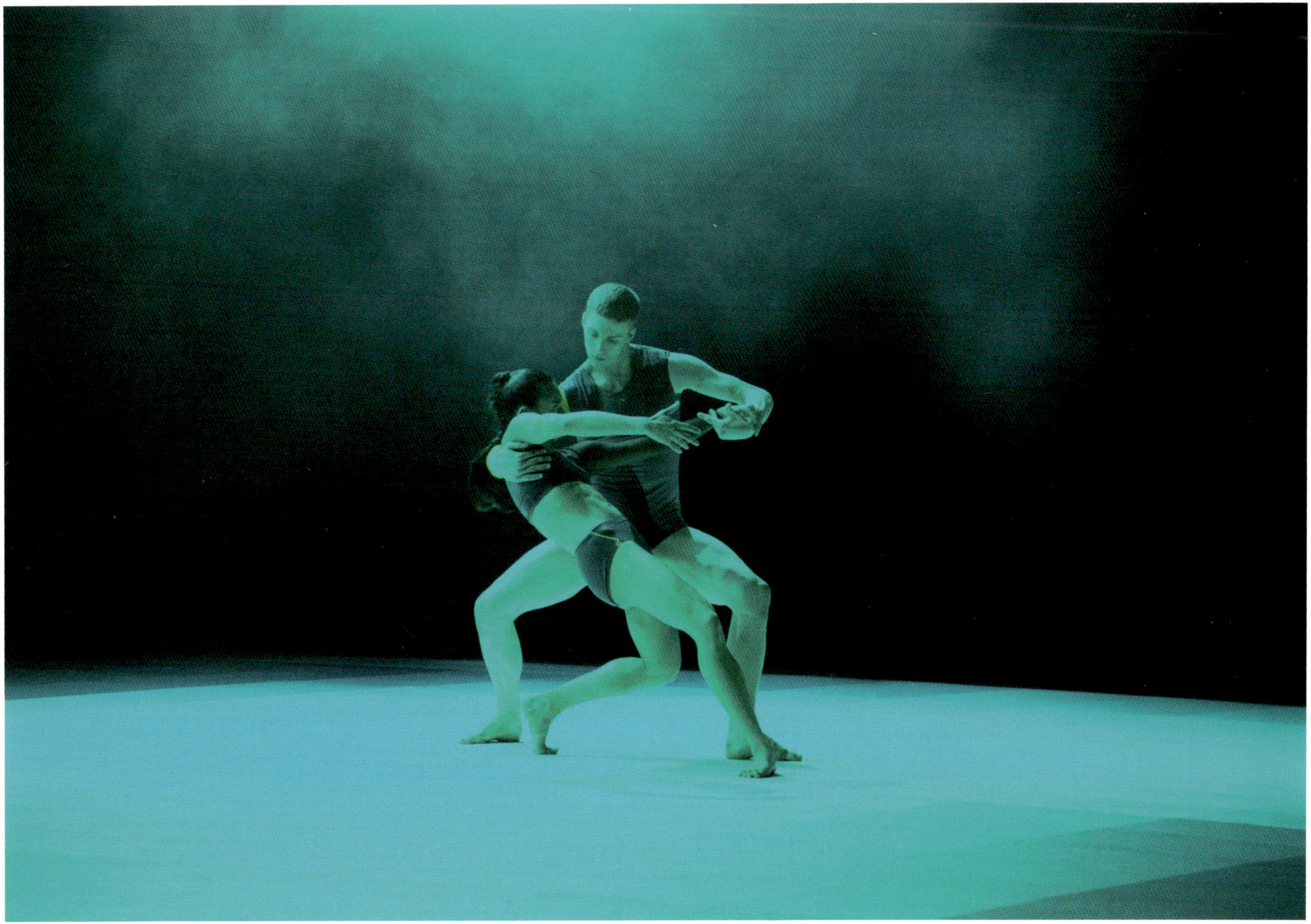

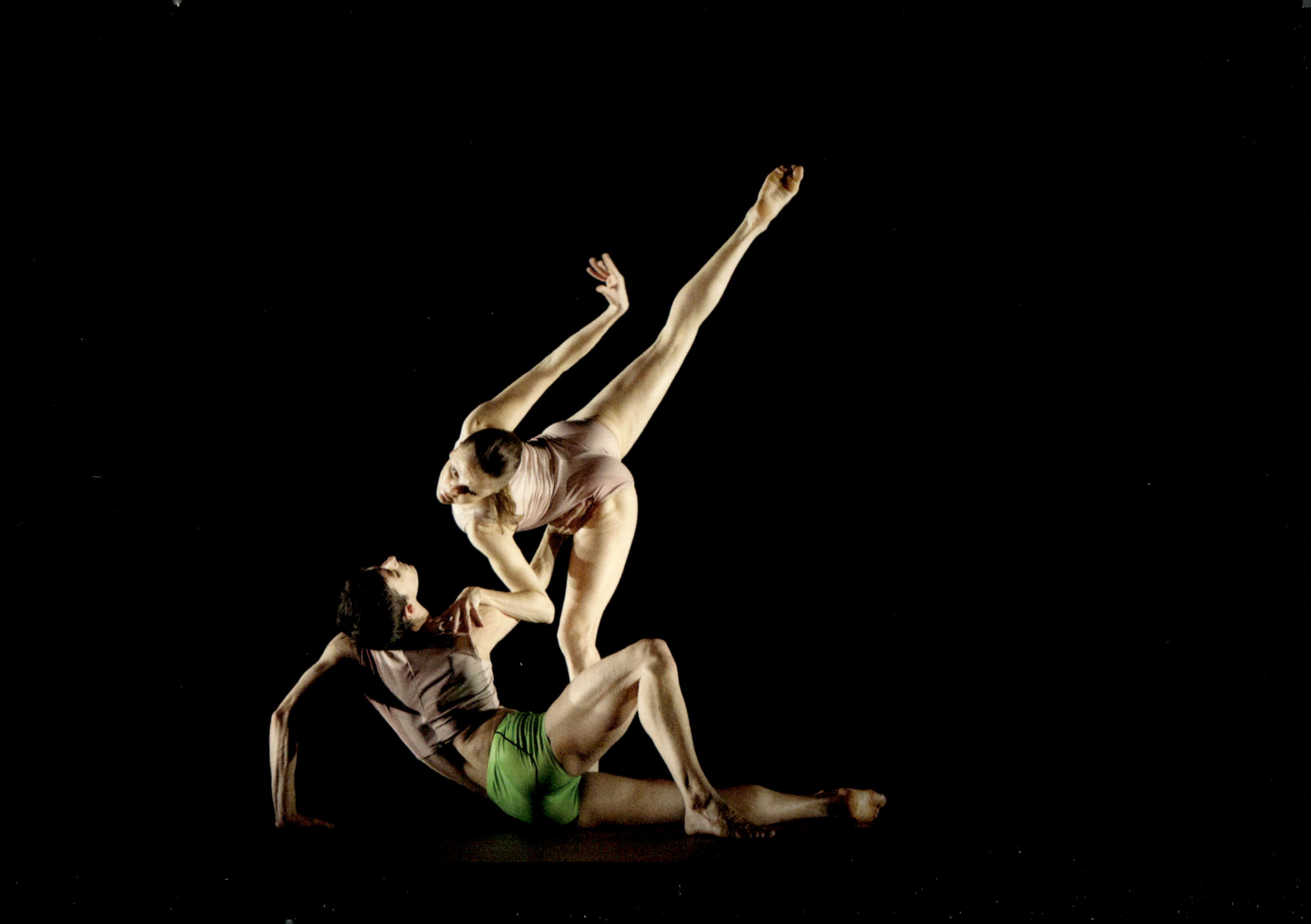

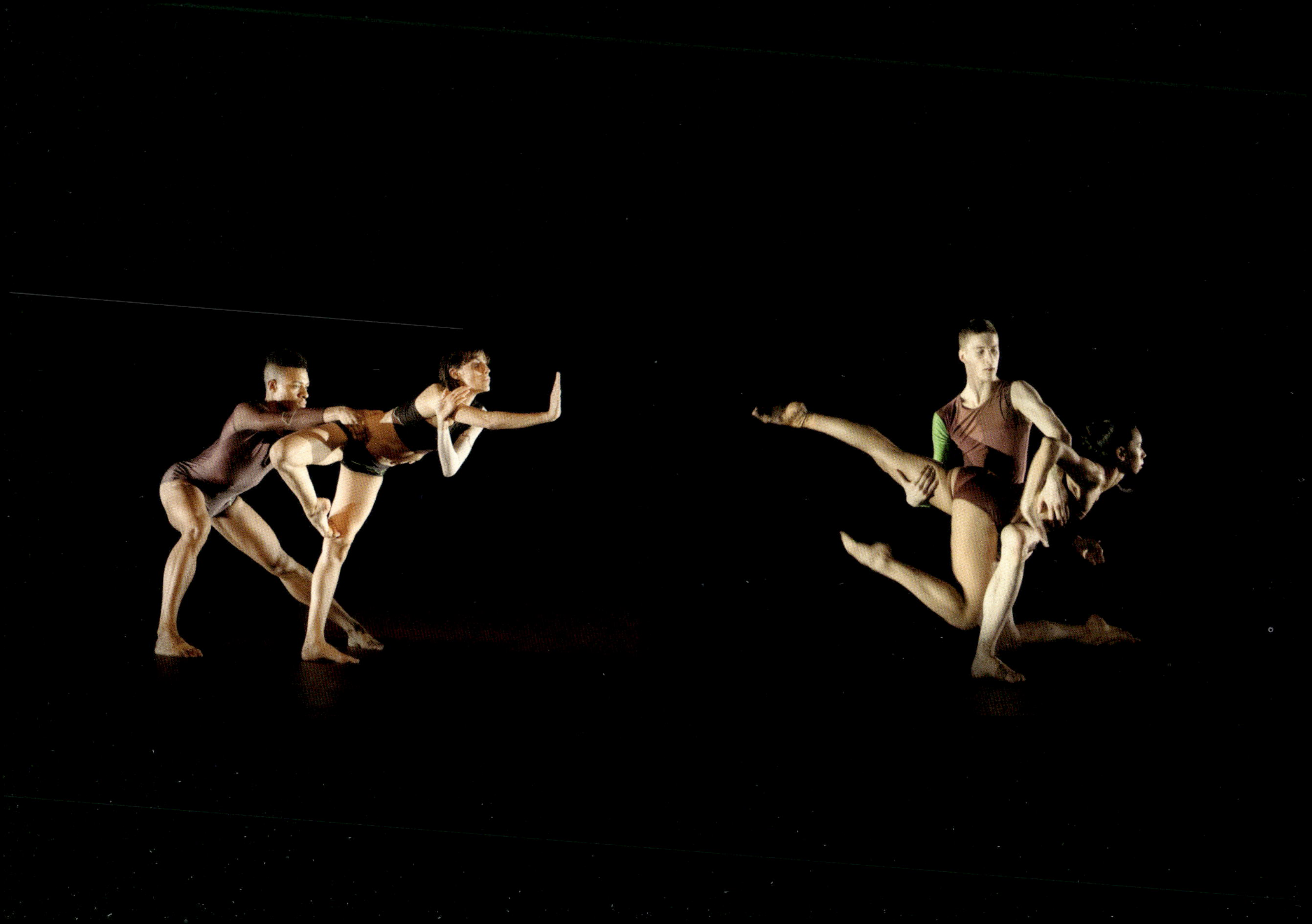

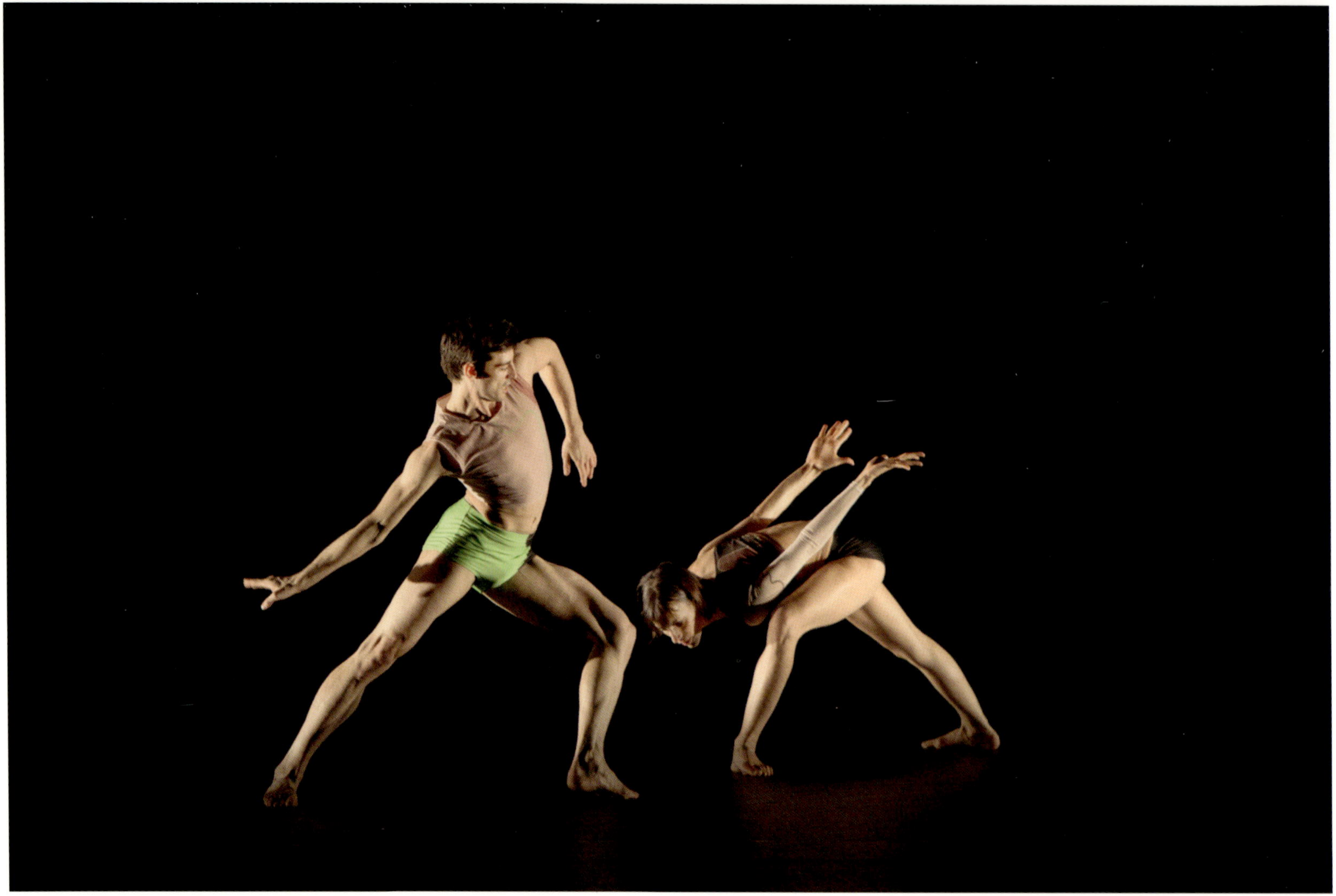

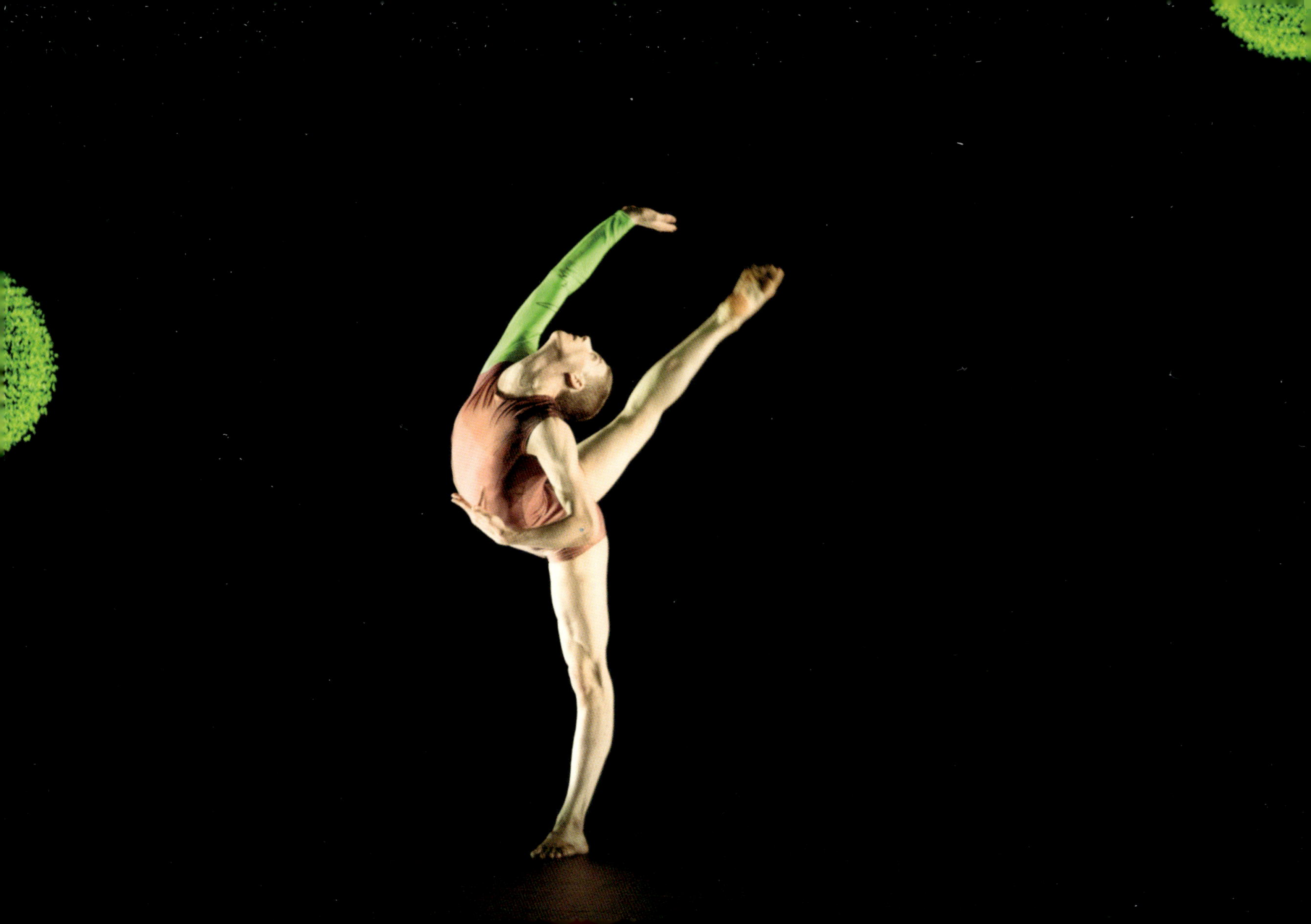

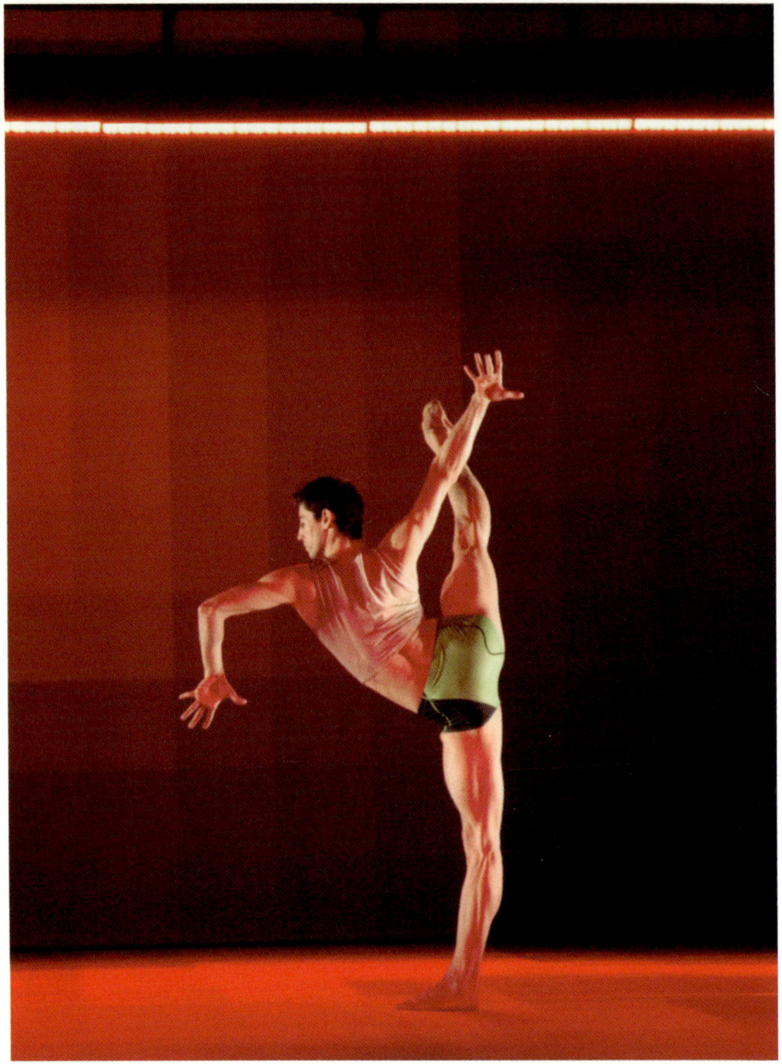

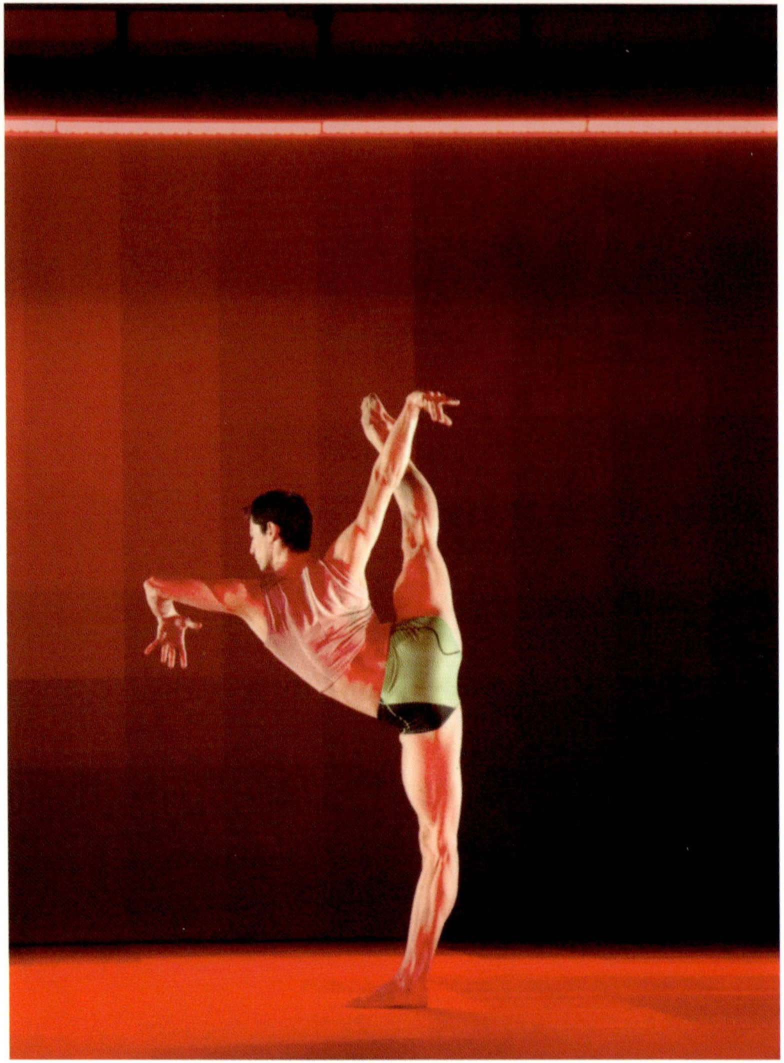

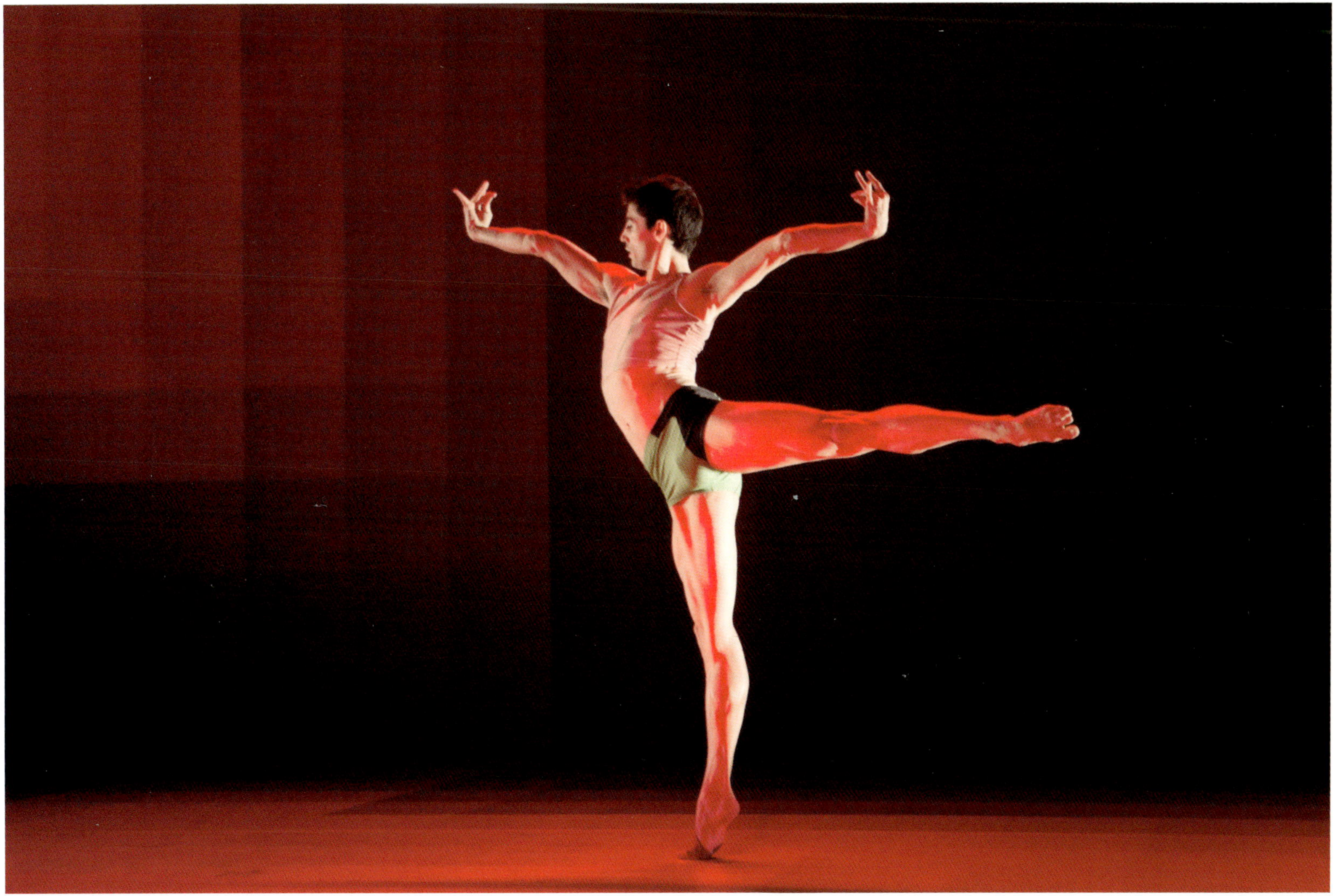

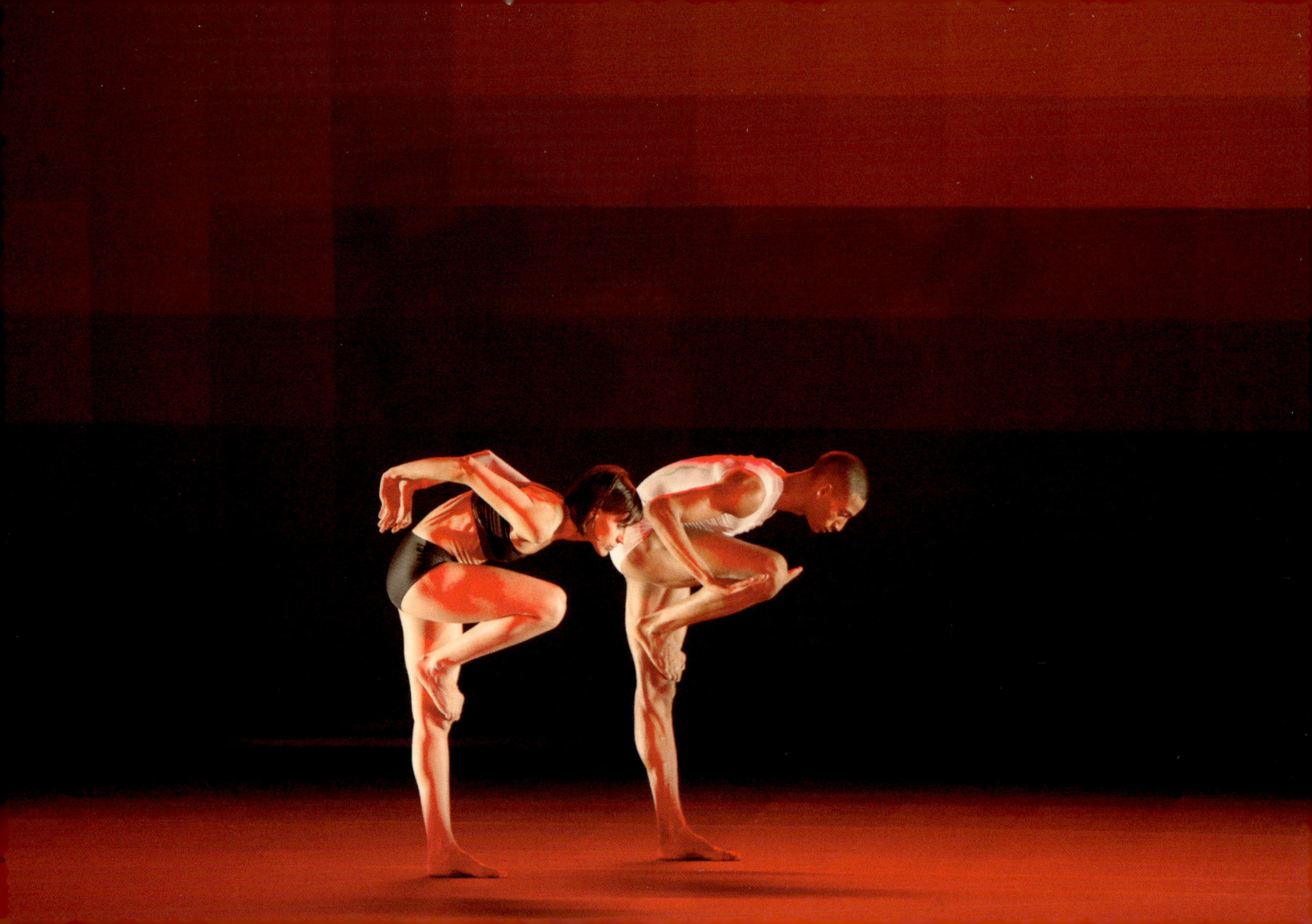

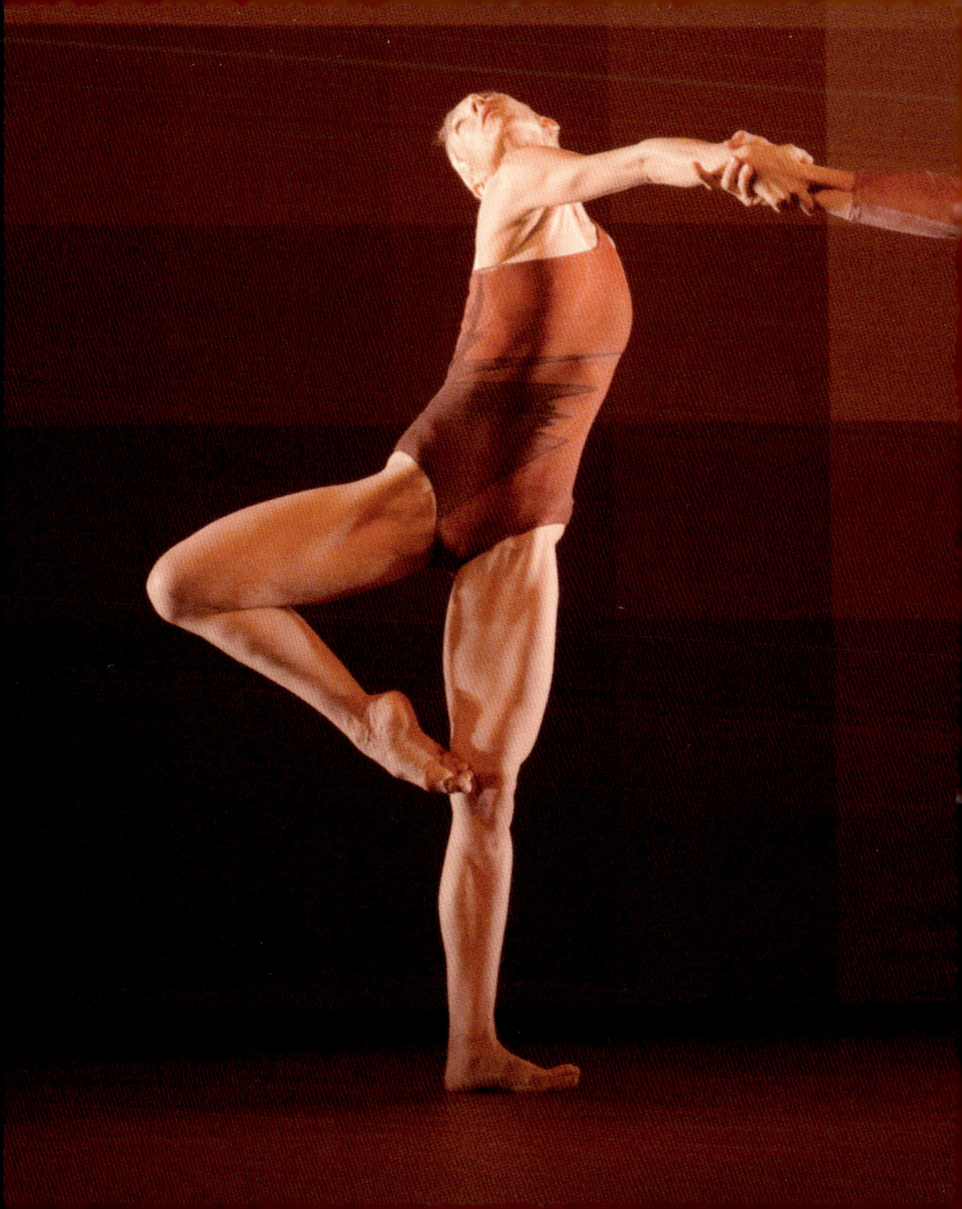

Intervista con Wayne McGregor
di Elena del Drago

Reggio Emilia è la sede di un fine settimana davvero molto ricco, segnato dalla presenza di Wayne McGregor e della sua Random Dance.
Wayne McGregor, britannico, nato nel 1970, è uno dei più importanti coreografi del mondo. Da molti anni lavora con la danza contemporanea, a stretto contatto con le arti visive, la scienza e la tecnologia.
McGregor è presente con due lavori a Reggio Emilia: una performance site specific concepita per gli spazi della Collezione Maramotti, ospitata in un edificio particolare degli anni cinquanta che ha molto colpito il coreografo, tanto che ha chiesto ai danzatori della sua compagnia di confrontarsi con le molte opere d'arte esposte presso la Collezione; e poi la prima nazionale di *Atomos* al Teatro Municipale Valli.
Iniziamo l'intervista con questo grande coreografo chiedendogli proprio della performance alla Collezione Maramotti e come è stato il suo approccio con la collezione, le opere d'arte e l'edificio, da cosa si è fatto suggestionare per creare questa performance site specific a Reggio Emilia.

Wayne McGregor: Innanzitutto l'edificio risale agli anni cinquanta ed è di per sé molto suggestivo: è un'architettura brutalista e volumetrica eccezionale, quindi il suo stesso spazio contiene una grammatica molto interessante. Mi ha colpito molto, ancor prima di vedere la collezione. Ho pensato che qui ci potesse essere un'interessante collisione tra i corpi e la materialità dell'edificio stesso; inoltre, è popolato da un gran numero di opere d'arte molto interessanti. Una delle cose che volevamo fare era "rovistare", andare alla ricerca di frammenti di idee da "rubare" da ognuna di quelle opere, come per imprimere un collage in quello spazio, ed è ciò che abbiamo fatto nella performance *Scavenger*.

Elena del Drago: Voi lavorate spesso a stretto contatto con l'arte contemporanea. In che modo l'hanno ispirata questa collezione, queste opere?
W. McG.: Era per noi importante vedere non solo le opere d'arte, ma anche gli spazi in cui sono collocate, in che modo esse riempiono lo spazio da un punto di vista emotivo e grammaticale, dall'idea che proiettassero solo ombre nello spazio. Era fondamentale entrare in contatto con le particolarità legate alla presenza di quelle opere d'arte in quell'edificio. Ed è così che ci siamo avvicinati al lavoro. In un certo senso, si tratta tanto di una reazione personale dei danzatori quanto di una mia reazione personale, e tutti questi elementi si sono sovrapposti per creare la performance.

E. del D.: Ci hanno raccontato che, per preparare la performance, a ogni ballerino è stato chiesto di reagire a un'opera d'arte. Come si sono preparati? Hanno studiato prima oppure semplicemente si sono fatti suggestionare dalle opere?
W. McG.: C'è stata una preparazione. Io e i ballerini siamo stati tre giorni in Collezione, circa un mese prima dello spettacolo, per restare nello spazio da soli. In questo modo abbiamo avuto molto tempo non solo per osservare l'intera collezione, ma anche per decidere con quali opere in particolare volevamo lavorare; siamo riusciti quasi a "schedare" quelle opere e scoprire la nostra personale reazione a esse. Quindi, alcune reazioni sono nate sul momento, durante la performance, ma allo stesso tempo

abbiamo anche svolto delle ricerche approfondite su opere specifiche che ci avevano particolarmente attratto. Così siamo riusciti a lavorare sul posto con quelle stesse opere da cui siamo partiti per creare nuovi modi di muoverci.

E. del D.: Parliamo ora del Teatro Municipale Valli, dove andrà in prima nazionale il suo spettacolo più recente realizzato per Wayne McGregor | Random Dance. Le chiederei di raccontarci di che cosa si tratta e quali sono le novità di questo lavoro.

W. McG.: Non penso mai veramente a cosa fare nuovo o di non nuovo, cerco di pensare al mio lavoro come se fosse un continuum. Quindi, in questo spettacolo, potrei aver rivisitato in modo diverso alcuni dei miei interessi passati. Ma ciò che ritengo importante di *Atomos*, che significa "inscindibile", strutture inscindibili, è che mi interessava presentare una serie di ballerini in miniatura, e dare vita ad alcuni di quei ballerini utilizzando corpi veri e corpi in 3D, visibili soltanto attraverso appositi occhiali. Volevo creare una collisione tra dimensioni e logiche di spazio differenti. Un altro aspetto interessante, che collega questo spettacolo con il lavoro alla Collezione Maramotti, è che durante la prova di *Atomos* abbiamo realizzato una creatura autonoma [chiamata *Becoming*, N.d.R.], una specie di programma informatico che pensa coreograficamente e che, anche se non è fisicamente sul palcoscenico in *Atomos*, ci ha aiutato a generare materiale molto particolare per la pièce. Abbiamo portato questa creatura alla Collezione Maramotti perché fosse lì con noi.

E. del D.: Possiamo pensare a questo software come a una sorta di scultura, per connetterci all'altra performance?

W. McG.: Certamente, perché possiede caratteristiche sculturali. Questo software ha delle proprietà cinestesiche, suscita delle reazioni cinestesiche nelle persone, provoca una reazione viscerale. Non ha l'aspetto di un corpo, così come lo conosciamo, ma possiede tratti corporei; per esempio è provvisto di arti e di tendini e funziona in modo molto strano e snodato. Questa è stata una piacevole novità per noi in studio, confrontarci con un undicesimo danzatore, che non è presente sul palcoscenico, ma che collabora con noi nella creazione della coreografia sin dall'inizio.

E. del D.: Quindi anche in questo spettacolo, a partire dal titolo *Atomos*, risultano importanti la scienza, la tecnologia, la matematica, che sono aspetti fondamentali del suo lavoro. Perché crede che sia importante per un artista relazionarsi con la scienza e la ricerca scientifica?
W. McG.: Penso sia molto importante che la danza sia collegata al mondo reale nel senso più ampio possibile, credo di esserlo in prima persona. Sono cresciuto in un'epoca in cui avevamo i computer e ho vissuto molte delle mie esperienze attraverso una tecnologia pervasiva, dai tablet ai cellulari, quella tecnologia che è parte integrante del modo in cui viviamo e del tessuto con cui si costruiscono i rapporti tra le persone. Questa cooperazione rappresenta per me uno scambio di energia tra individui e questo rapporto interpersonale è fondamentale. Un dialogo senza tecnologia sembrerebbe molto artificiale.

E. del D.: Oltre a questo stretto rapporto con la tecnologia, che occupa un ruolo fondamentale, nell'elaborazione dei suoi lavori è però molto presente un aspetto legato piuttosto all'emotività, alla spontaneità dei danzatori in scena, anche in *Atomos*, per esempio.
W. McG.: Per me non sono elementi necessariamente contrapposti o in conflitto tra loro. Credo che sia interessante pensare che una delle cose che ha maggiore dimestichezza con la tecnologia sia proprio il corpo umano. La tecnologia del corpo è fenomenale, ma dobbiamo ricordare che, anche se i ballerini eseguono le coordinazioni più estreme, insolite o strane, è il corpo umano che le esegue ad avere un certo rapporto emotivo con ciò che fa. Quindi la danza per me non è mai astratta, c'è sempre un elemento umano, umanistico, nel modo in cui funzionano i corpi. Ed è quella collisione, quella specie di tensione tra il momento in cui i corpi sono veramente estremi e hanno un aspetto strano e il momento in cui devono esprimere una carica emotiva, che è molto particolare. Sono davvero entusiasta di questo linguaggio nel mio lavoro.

E. del D.: Chiediamo a Wayne McGregor di parlarci del suo metodo creativo, di quanto ci sia di spontaneo (o apparentemente spontaneo) e quanto invece ogni movimento, ogni reazione, siano studiati prima.
W. McG.: Credo sia importante essere liberi e innanzitutto cerco di pensare all'intero processo come a un unico processo. Penso, per esempio, che il rapporto tra la scenografia e le luci sia tanto coreografico quanto lo è quello che realizzo con i corpi. Tutto fa parte dello stesso quadro. Ma quello che cerco di fare è ispirare le persone a essere libere, e siamo stati molto fortunati ad avere avuto la possibilità di collaborare con alcuni neuroscienziati veramente eccezionali, che ci hanno aiutato a indagare certe nostre abitudini - i modi in cui normalmente faremmo danza, io stesso e i ballerini - per darci uno spettro più ampio e un grado maggiore di libertà. Questo è stato un processo di grande ispirazione per noi.

E. del D.: L'ultima domanda è a proposito dei suoi prossimi progetti in giro per il mondo. Qual è la prossima tappa dopo questo fine settimana ricchissimo a Reggio Emilia?
W. McG.: Dopo Reggio Emilia andrò direttamente a New York, dove sto lavorando con la Alvin Ailey Dance Company che debutterà in un mio spettacolo, *Chroma*, a dicembre. Poi ci saranno le vacanze e al ritorno realizzerò un nuovo balletto per il Royal Ballet che andrà in scena al Covent Garden a febbraio.

Intervista con Wayne McGregor di Elena del Drago (Radio3 Suite, 16 novembre 2013)

Interview with Wayne McGregor
by Elena del Drago

Reggio Emilia is the venue for a weekend packed with events in which Wayne McGregor and his company, Wayne McGregor | Random Dance, play a starring role.
Wayne McGregor, born in the UK in 1970, is one of the world's leading choreographers. He has been working in contemporary dance, in close connection with visual arts, science and technology for many years.
McGregor is presenting two works in Reggio Emilia: a site-specific performance conceived for Collezione Maramotti, housed in a very particular 1950s building, so striking for the choreographer that he has asked his dancers to engage with many of the artworks displayed in the Collection. The other is the national première of *Atomos* at Teatro Municipale Valli.
We start our interview with this great choreographer by asking him about the performance at Collezione Maramotti and his approach to the collection, its artworks and building, and what has influenced him in creating this site-specific performance for Reggio Emilia.

Wayne McGregor: The building is from the 1950s and it is really inspiring in its own right: it is a phenomenal kind of a brutalist, volumetric building, so there is a very interesting grammar in this space even before you look at the collection. I thought there was an interesting potential collision there between bodies and the materiality of the building itself. Moreover it is populated with lots of really interesting artworks and one of the things we wanted to do was 'scavenge,' kind of steal bits of ideas from each of those pieces, like a collage imprinted on the space, and that is what we have done in the piece *Scavenger*.

Elena del Drago: You often work in very close contact with contemporary art. In what way did you get your inspiration from this collection, from these artworks?
W. McG.: It was important to see not only the works of art, but also where they were located, and how they change the space from an emotional and grammatical point of view, from an idea that they just cast shadows in the space.
It was fundamental to get in contact with the particularities connected with having those artworks in that building. In a way, it is as much a personal response from the dancers as it is a personal response from me, and all of those things have been superimposed together to create the work.

E. del D.: We were told that in preparing the performance every dancer had to react to an artwork. How did they prepare? Did they learn what it was about beforehand or did they just let themselves be influenced by the artworks there and then?
W. McG.: We had studied them before. About a month before the performance, the dancers and I came for three days, to be in the space on our own. So we had a lot of time not only to look through the whole collection but to decide what particular artworks we wanted to work with; we were almost able to "index" those works and find very personal responses. Some happened in the moment, in the performance, but at the same time we had done some deep research on specific artworks which

particularly appealed to us and we were able to work with them on site, to really generate some new ways of moving from them.

E. del D.: Let's move on to Teatro Municipale Valli, which will be staging the national première of your most recent work for Wayne McGregor | Random Dance. I would like to ask you to tell us what this is about and what the novel features of this new show are.
W. McG.: I never really think about what to make that is new or not new, I try to think about my work as a continuum. So some of the concerns I had in the past might be revisited in a different way in this work. But what is important about *Atomos*, which means 'uncuttable,' is that I was interested in making a whole series of miniature dancers. Some of them are alive with real bodies, some of them are in 3D and you have to wear 3D glasses to be able to watch them. There is a very interesting collision between scales and different spatial logics. Another interesting feature, that connects *Atomos* to the work at Maramotti, is that during the rehearsal of *Atomos* we built an autonomous creature, a computer program that thinks choreographically [called *Becoming*, editor's note] which we used in the studio to help create material for *Atomos*. It isn't seen live on stage in *Atomos*, but it helped to generate some very strange material for the piece. We have brought *Becoming* with us to Maramotti.

E. del D.: Can we think of this software programme as a kind of sculpture that connects us to the other performance?
W. McG.: Definitely yes, it has sculptural properties. This software has kinesthetic properties - it elicits a kinesthetic response from people, originates a visceral response. It does not look like a body as we would normally know, but it does have properties of the body: it has limbs and tendons and it works in a very strange and articulated way. It has been very refreshing for us in the studio to have this eleventh dancer that does not appear on stage but partners us in the way we create material from the beginning.

E. del D.: So, as the title *Atomos* suggests, science, technology and mathematics – aspects that are fundamental to your work – are important in this piece too. Why do you think it is important for an artist to engage with what is happening in science?
W. McG.: I think it is very important that dance is connected to the real world in the widest sense. I grew up in an age where we had computers and I've experienced a lot of my life living through invasive technology, whether that is tablets or talking on the phone or using my mobile. This kind of technology is very much in the fabric of the way we live and build relations between people. For me collaboration is very much about an exchange of energy between people and that interpersonal relationship is very important. Without having technology as part of that dialogue it would feel very artificial.

E. del D.: While there is this close relationship with technology, and it has a major role, there is also a very different kind of significance in the emotionality, the emotions and spontaneity of the dancers on stage, also in *Atomos*.
W. McG.: I would not necessarily say they are in contrast or in conflict with one another. I think what is also interesting is that one of the most technologically literate things we have is the human body. The technology of the body is phenomenal, but we have to remember that even if dancers are doing the most extreme, unfamiliar, strange coordinations, it is the human being doing that, which has a certain emotional relationship to the things they are doing. So, for dance it can never be abstract. There is always a human, or humanistic element in the way in which bodies work. And it is that collision, that kind of tension between where bodies are really extreme and look unfamiliar and where they actually have to register an emotional temperature, which is very different. I am very excited about all of that language in my work.

E. del D.: Can you also tell us about your creative method and explain what is spontaneous on stage, or at least gives the impression of having a strong degree of spontaneity, and on the other hand, the extent to which every movement and every reaction has been intentionally planned in advance.

W. McG.: It is important to be free and at first I try to think about the whole process as one process. I think the relationship between scenography and lighting is as choreographic as the things I am doing with bodies. For me it is all part of the same picture. We have also been very lucky to work with some really amazing cognitive scientists to help us unpick some of our habits, the ways in which we would normally make dance, to give us more range of freedom. This has been a very inspiring process for us.

E. del D.: The last question is about your future plans around the world. What is your next stop after this very busy weekend in Reggio Emilia?
W. McG.: After Reggio Emilia I will go straight to New York because I am working with Alvin Ailey Dance Company. They will open a show of mine, *Chroma*, in December. Then it is the holidays, and after that I will come back and make a new ballet for The Royal Ballet in Covent Garden which opens in February.

Interview with Wayne McGregor by Elena del Drago (Radio3 Suite, 16 November 2013)

sabato 16 e domenica 17 novembre 2013, ore 16.00 e 19.00
Saturday 16 and Sunday 17 November 2013, 4 p.m. and 7 p.m.
Collezione Maramotti

Wayne McGregor | Random Dance
Scavenger
performance site specific / site-specific performance
prima assoluta / world première
ideazione, direzione e coreografia / concept, direction and choreography Wayne McGregor

Scavenger

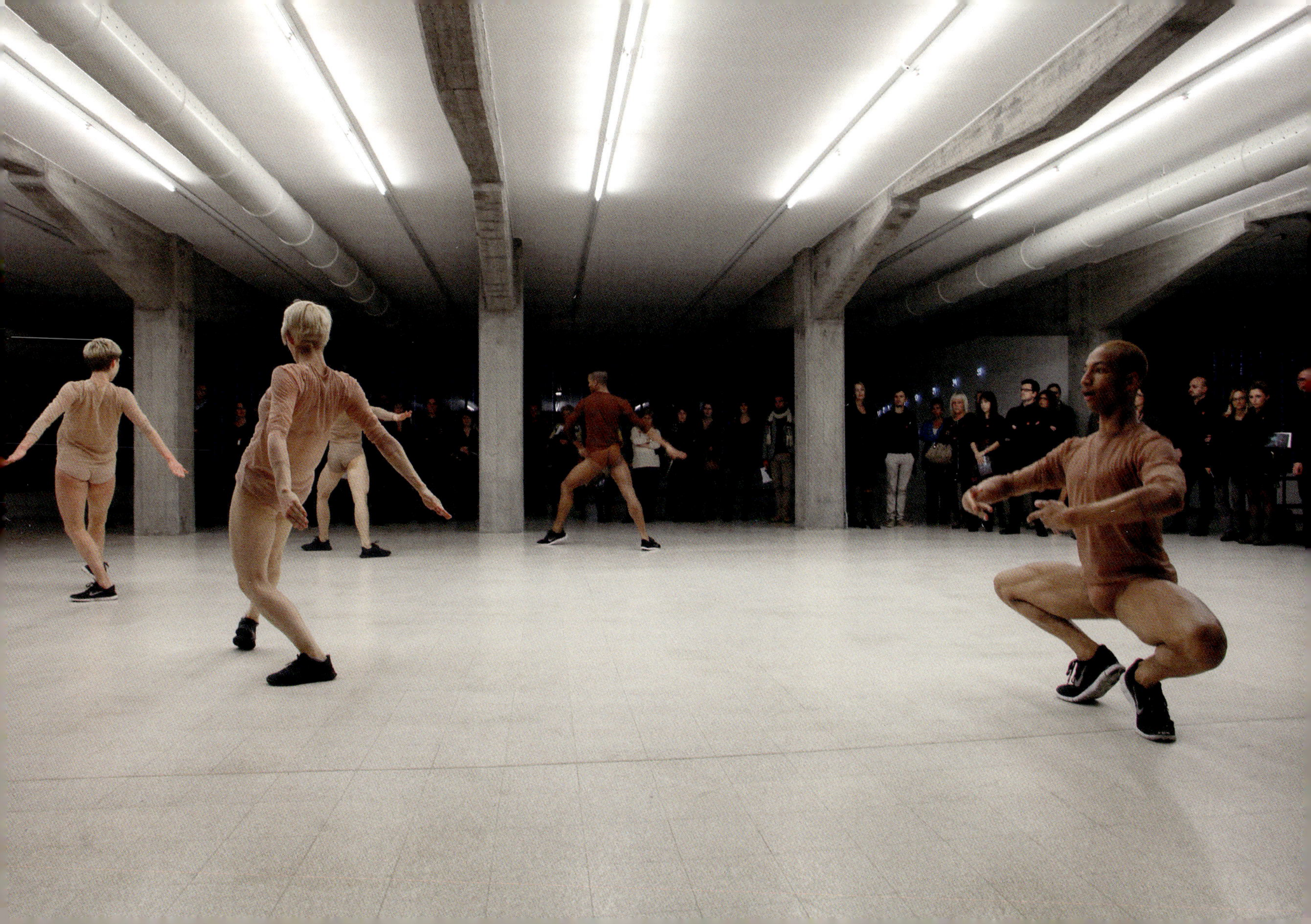

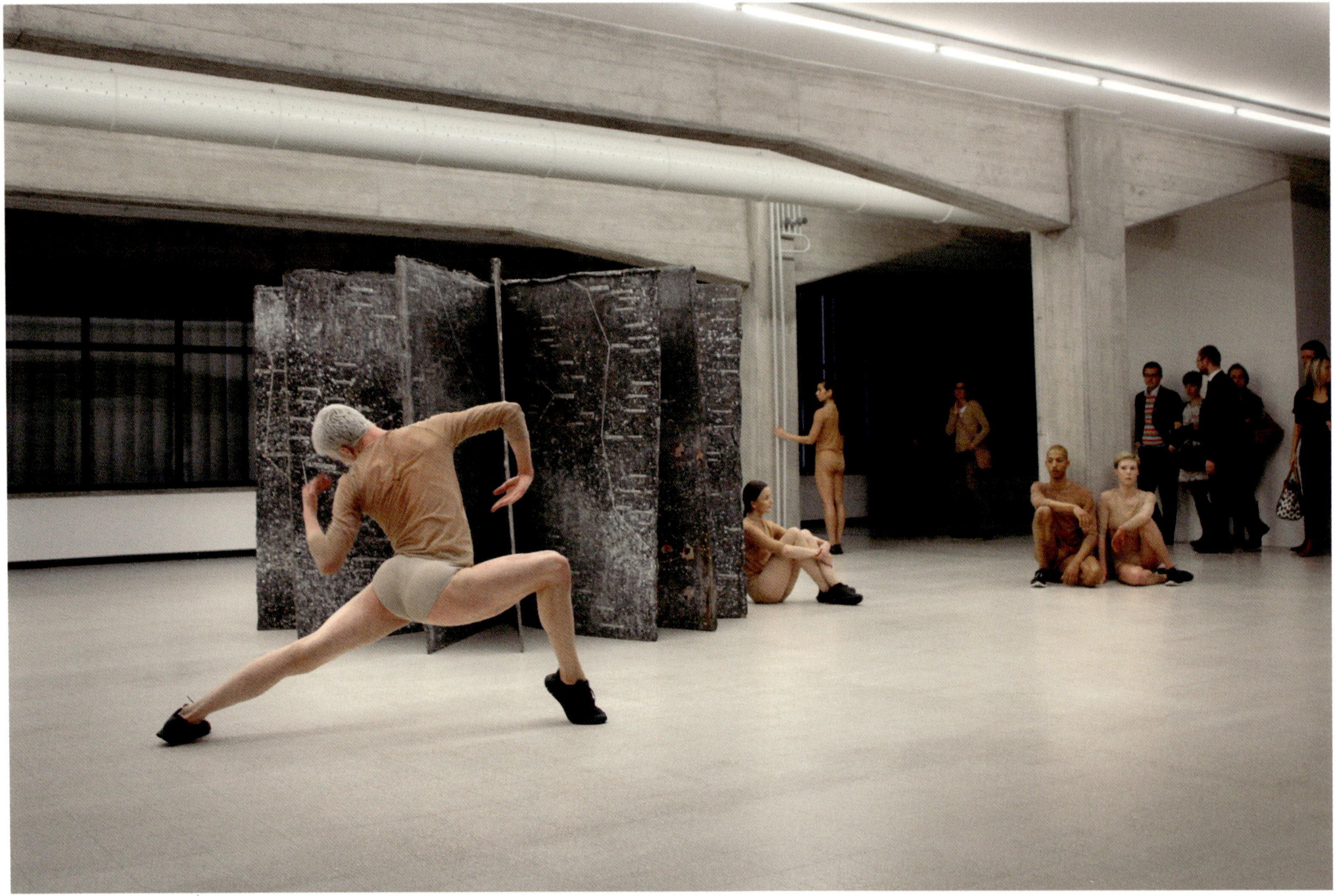

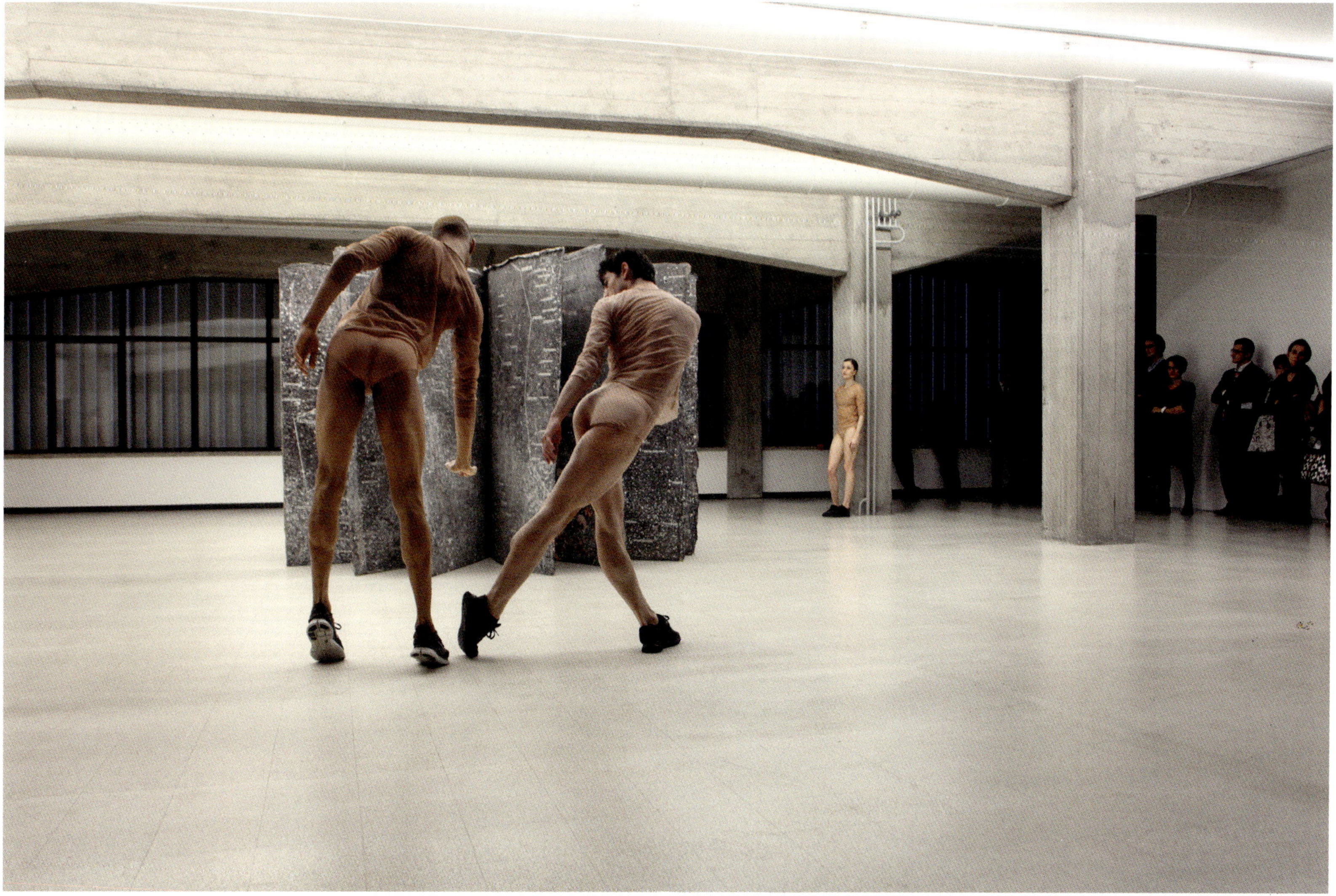

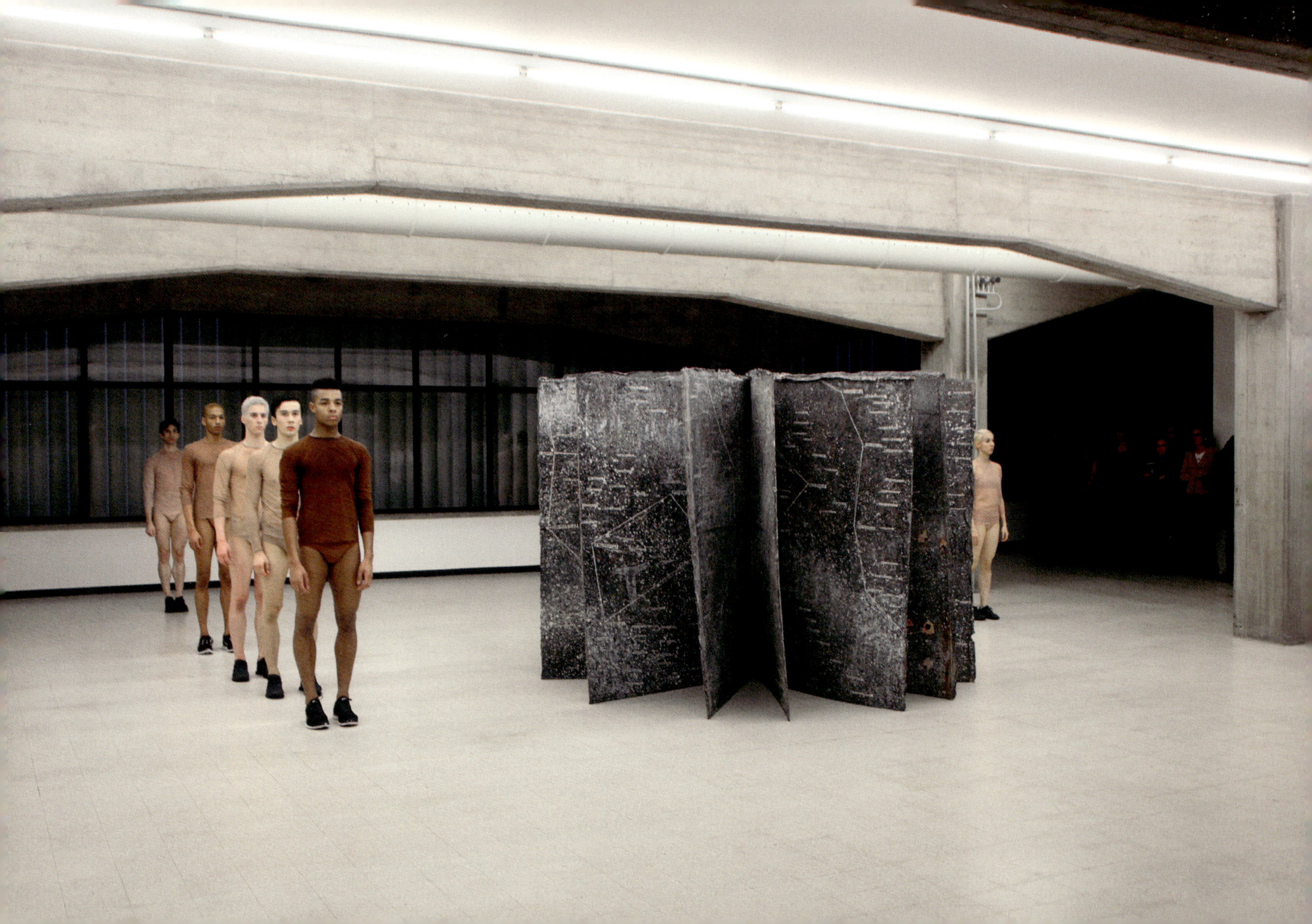

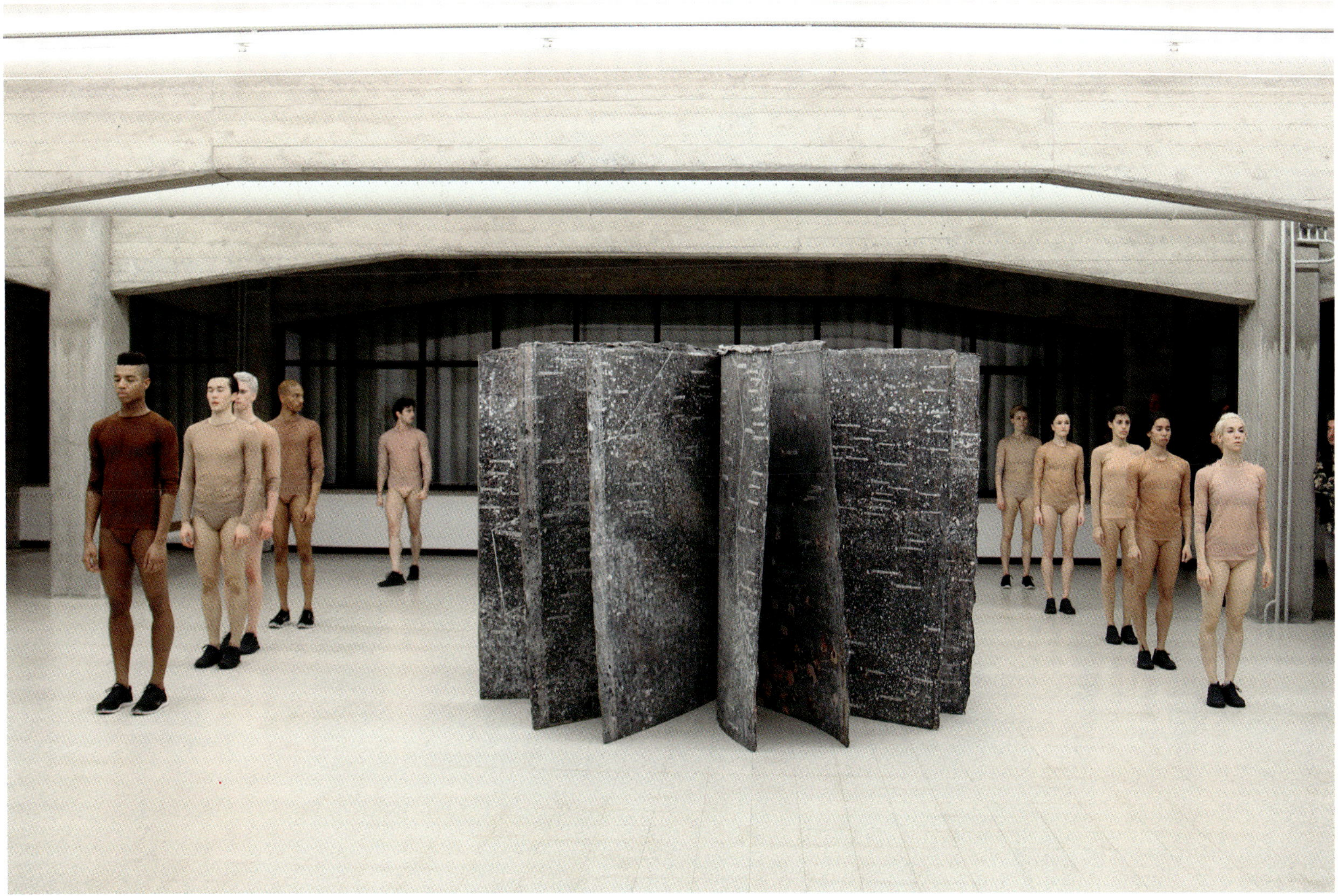

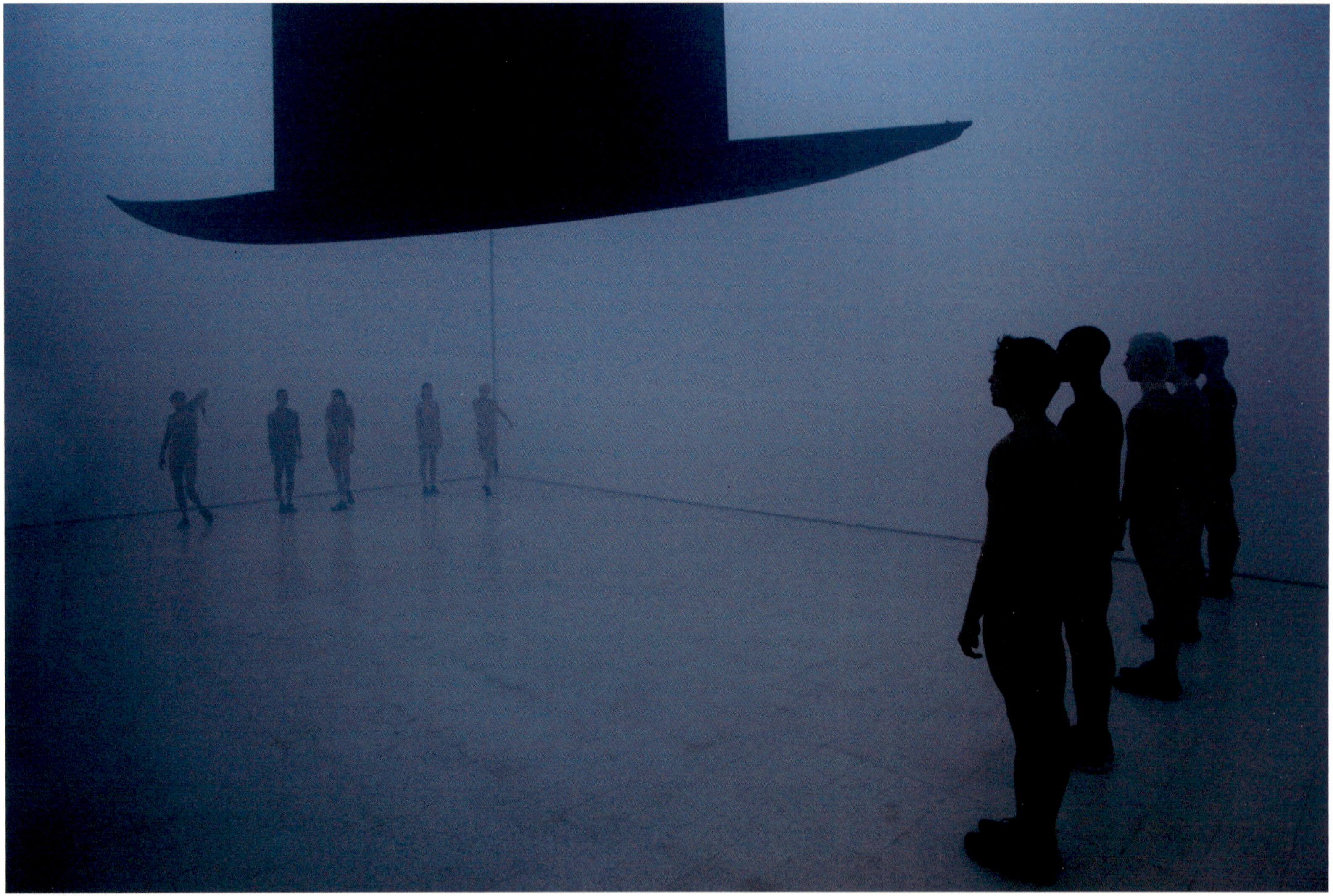

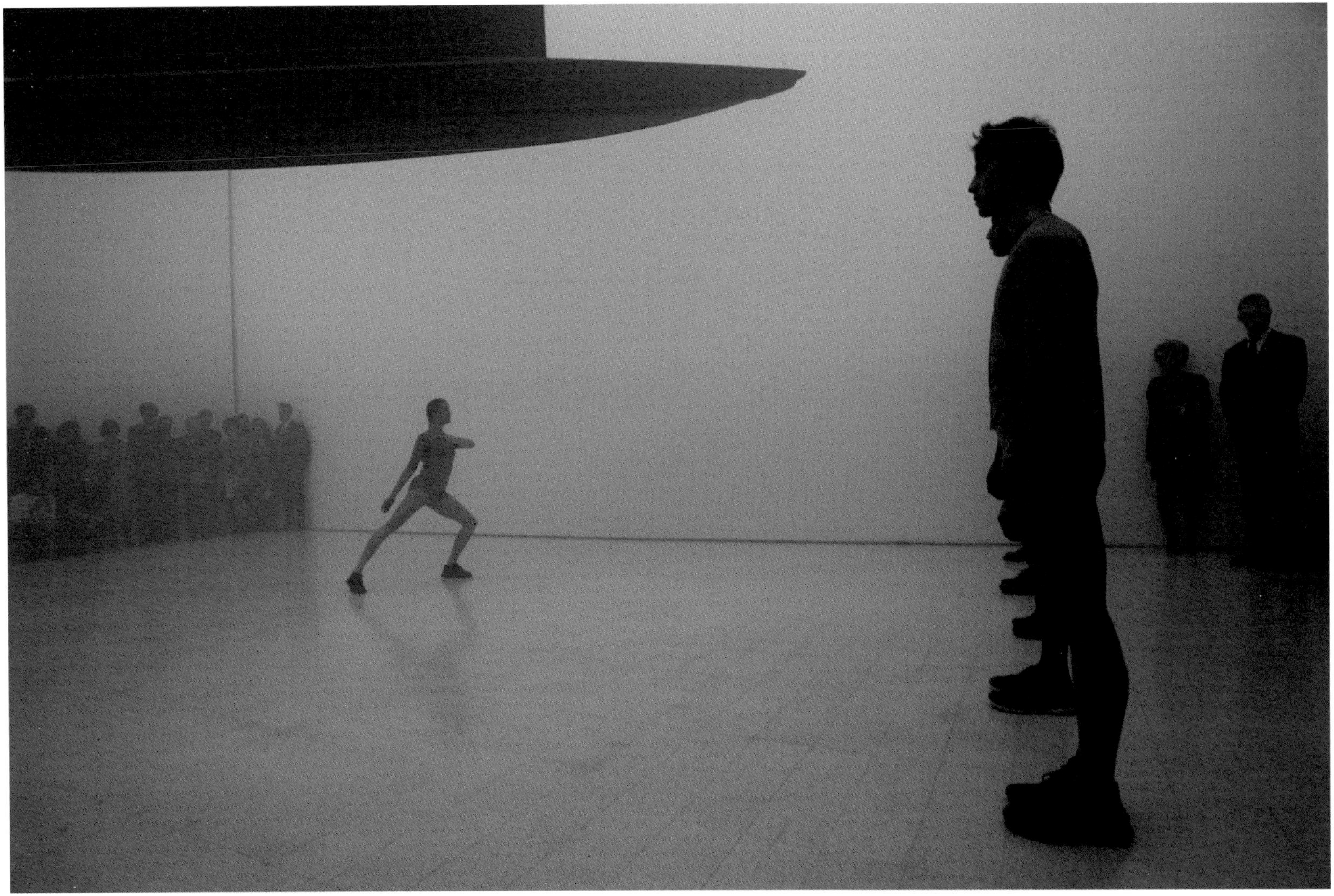

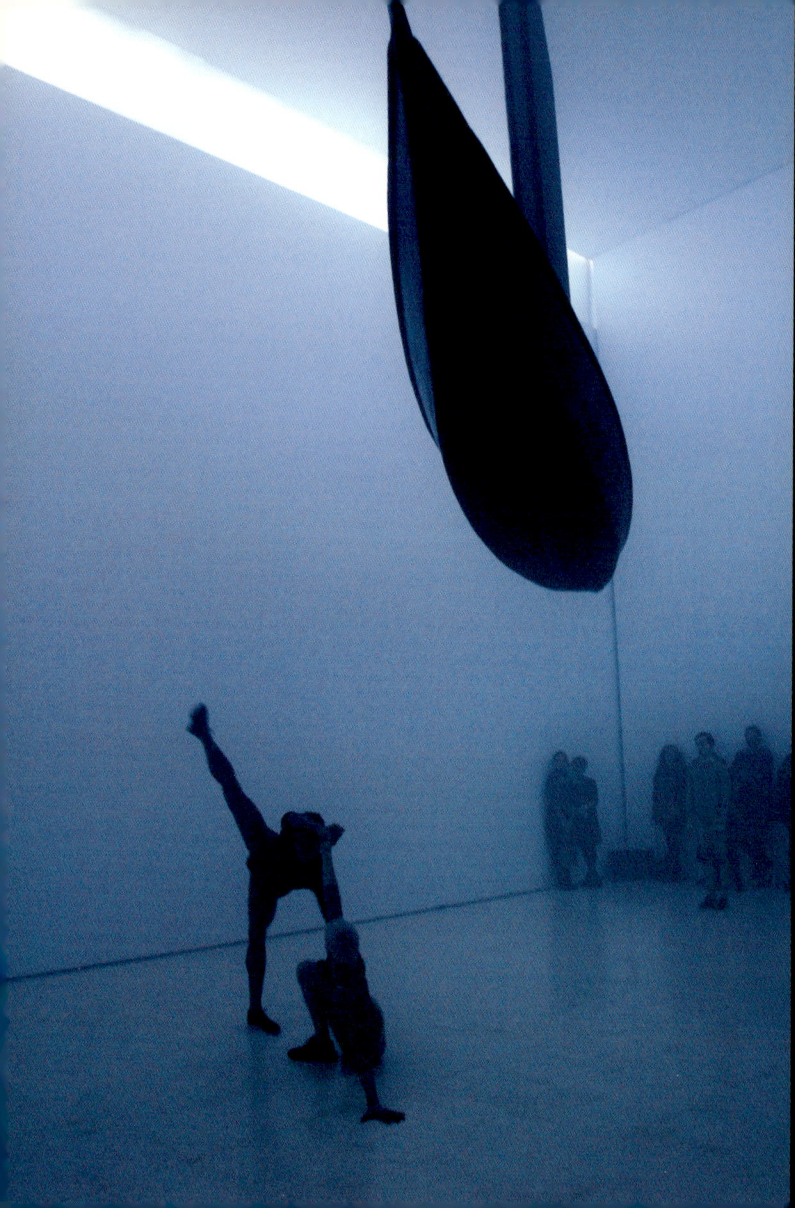
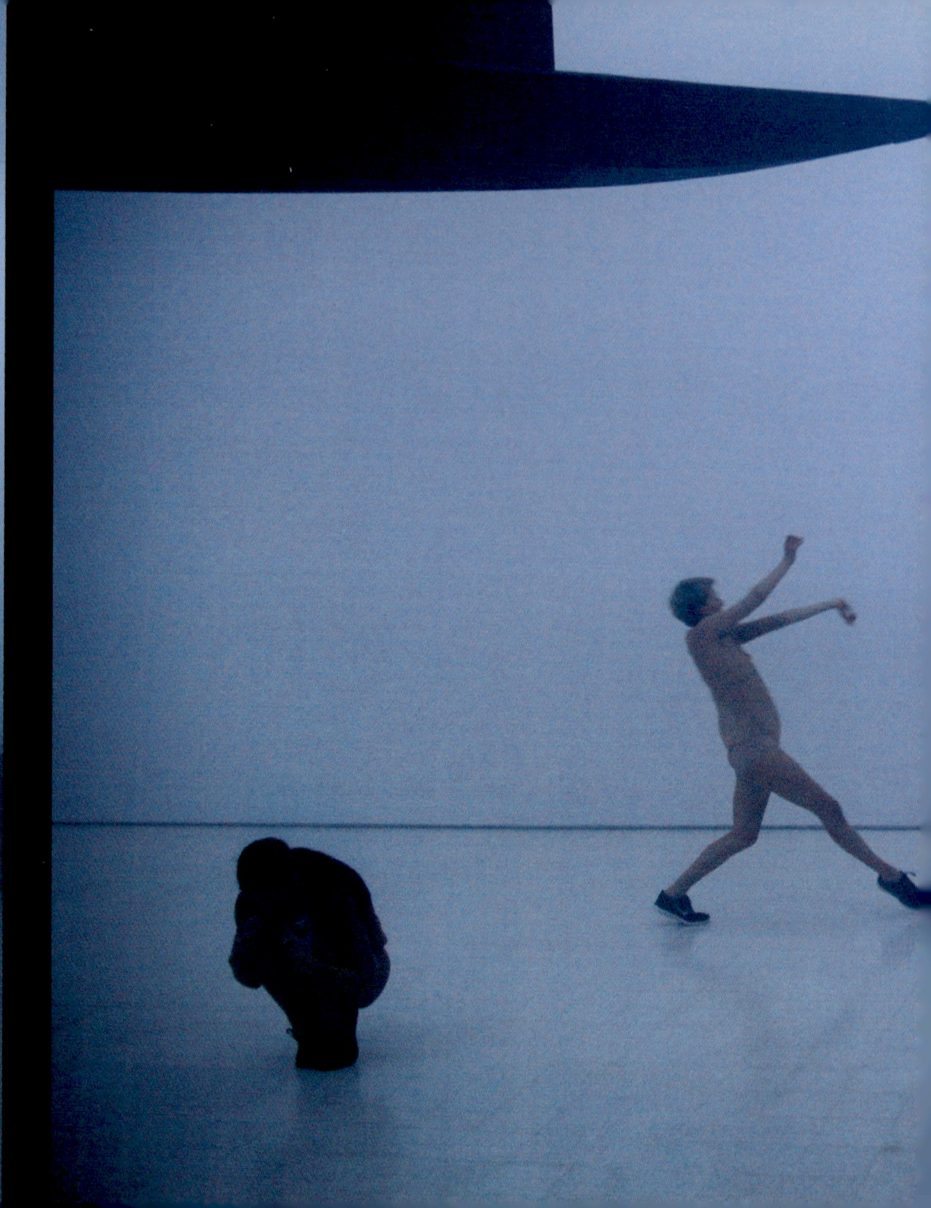

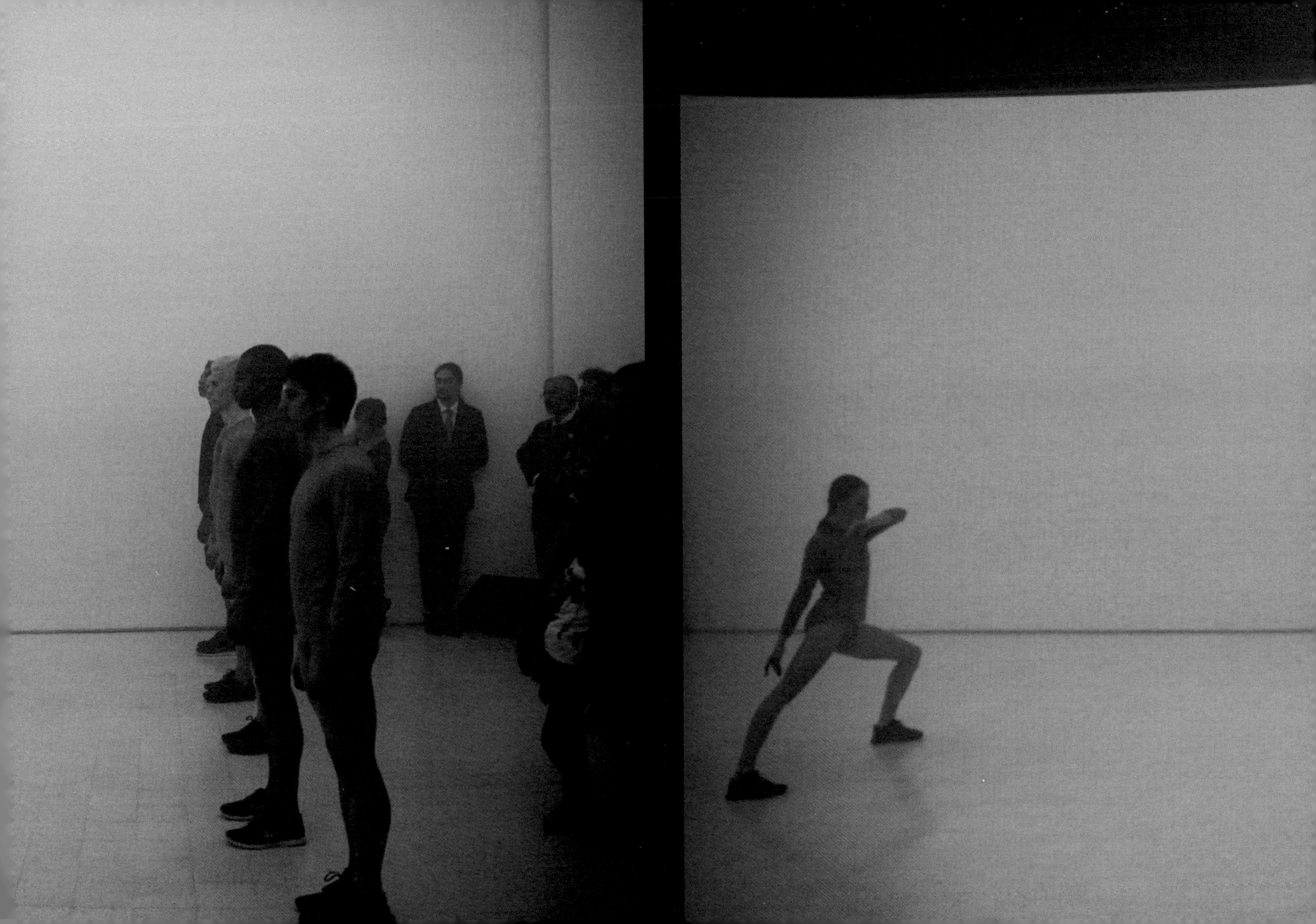

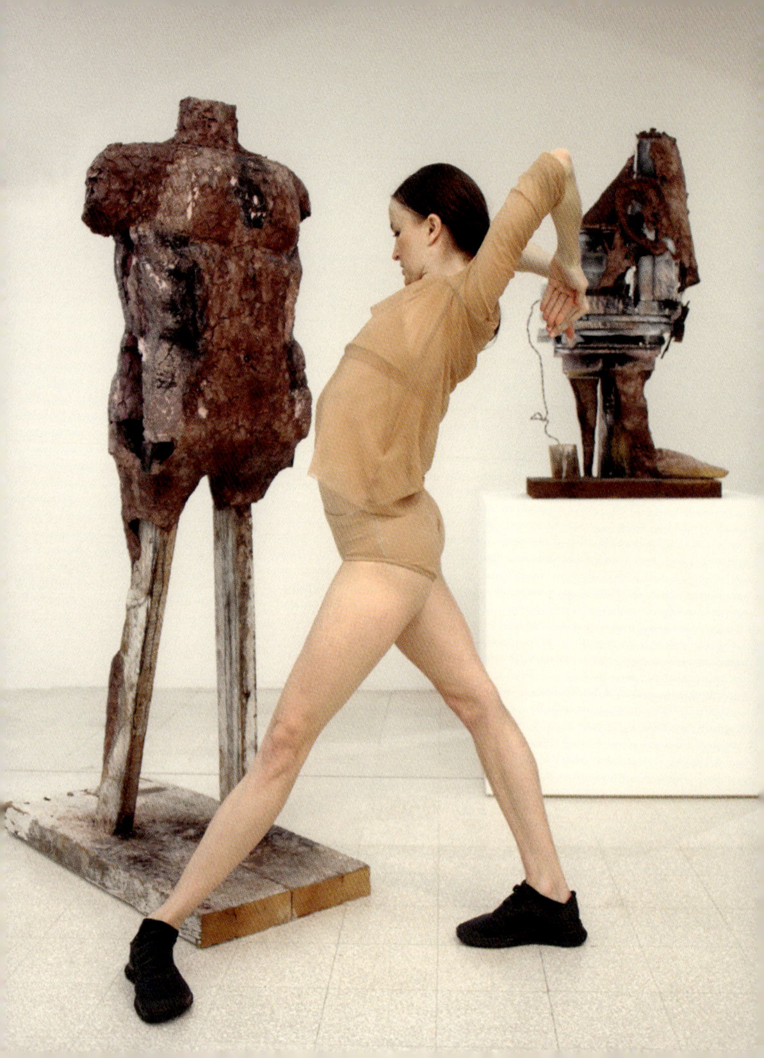

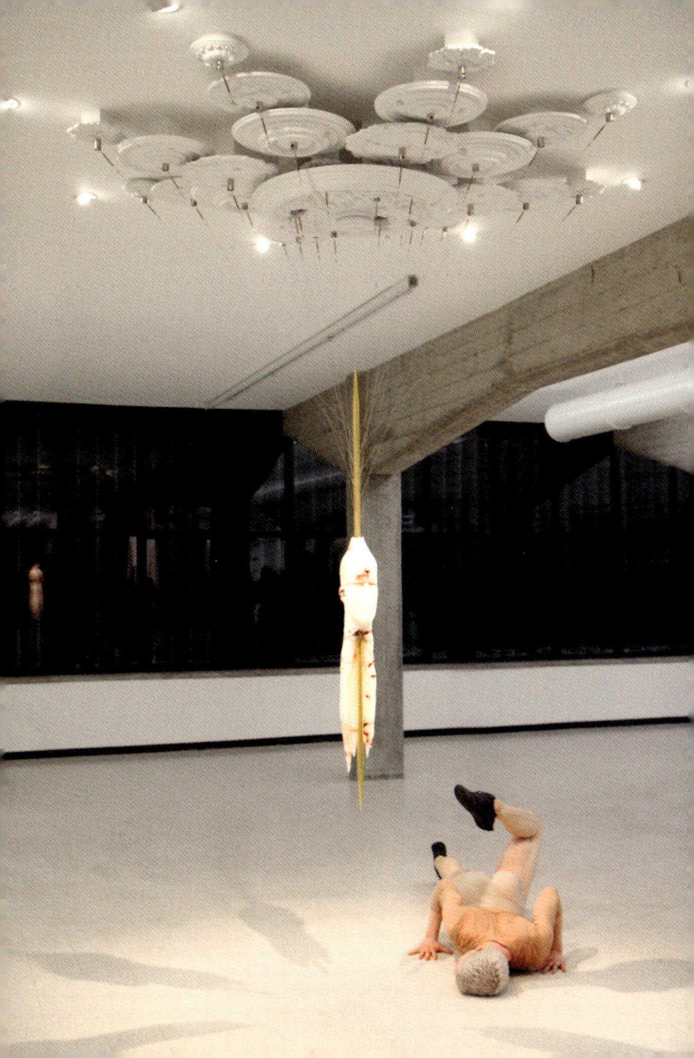

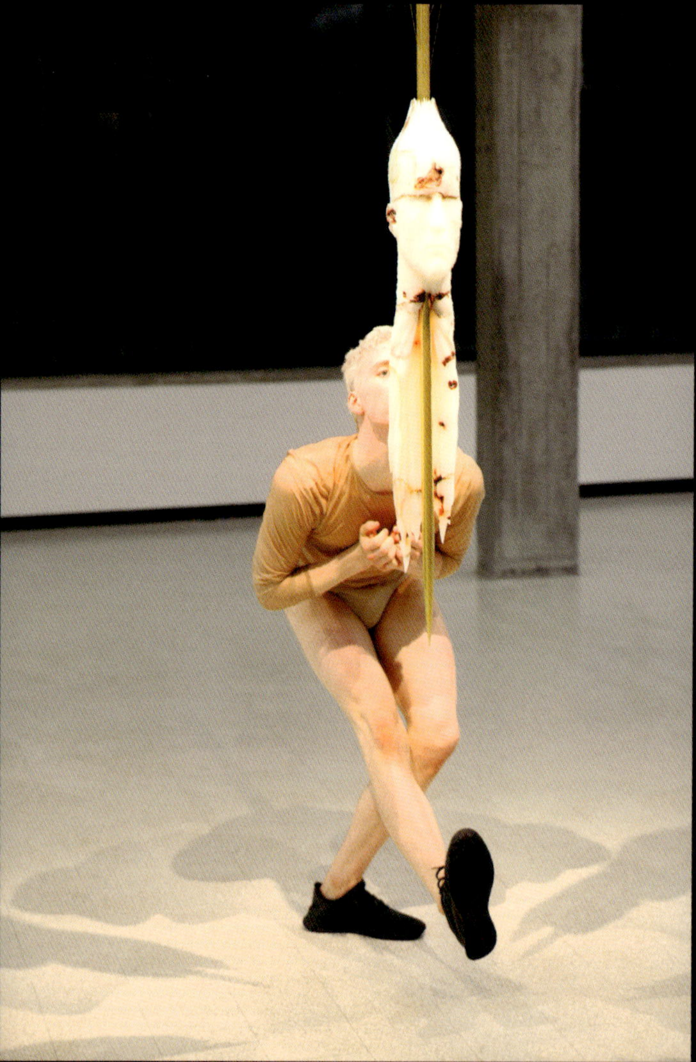

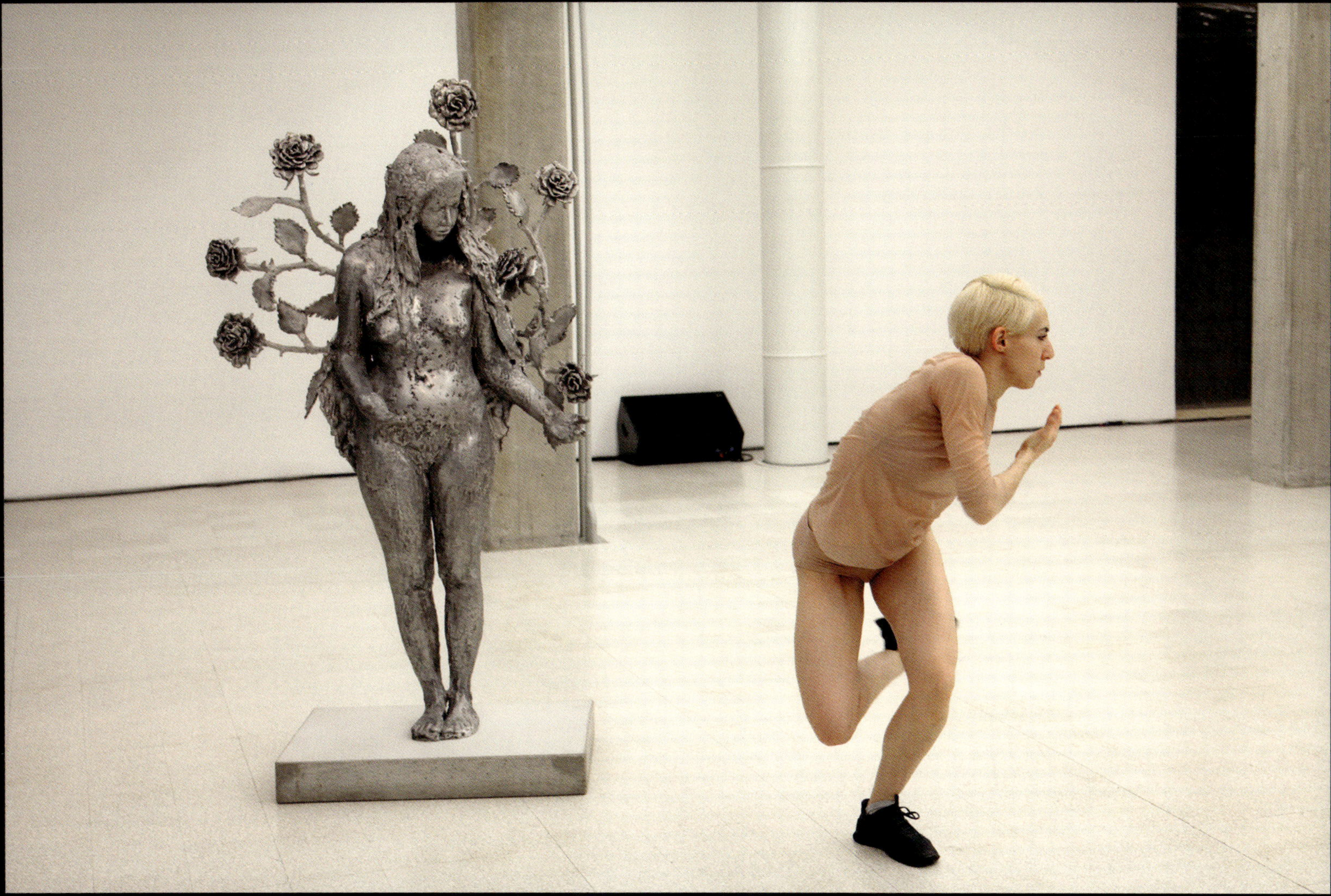

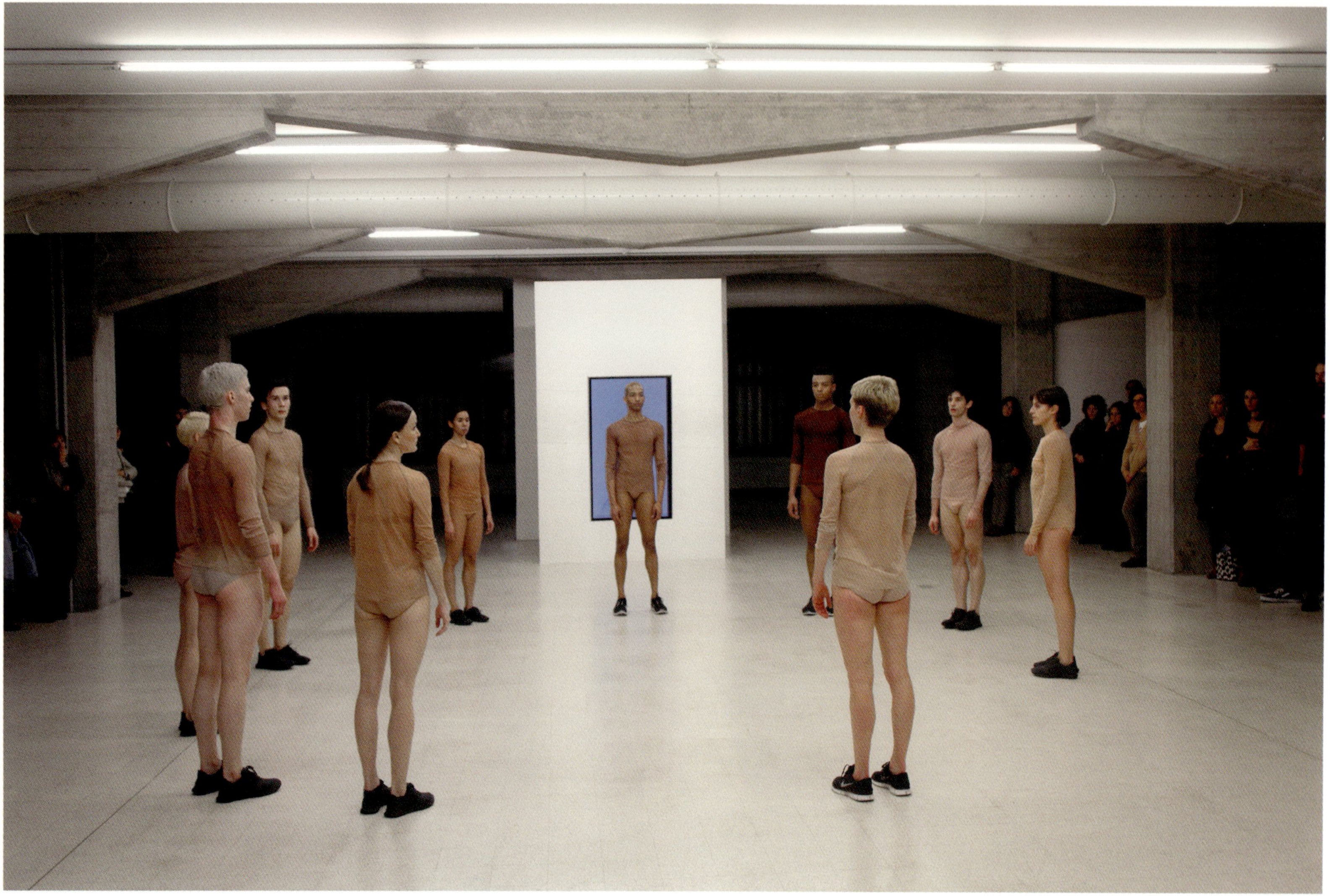

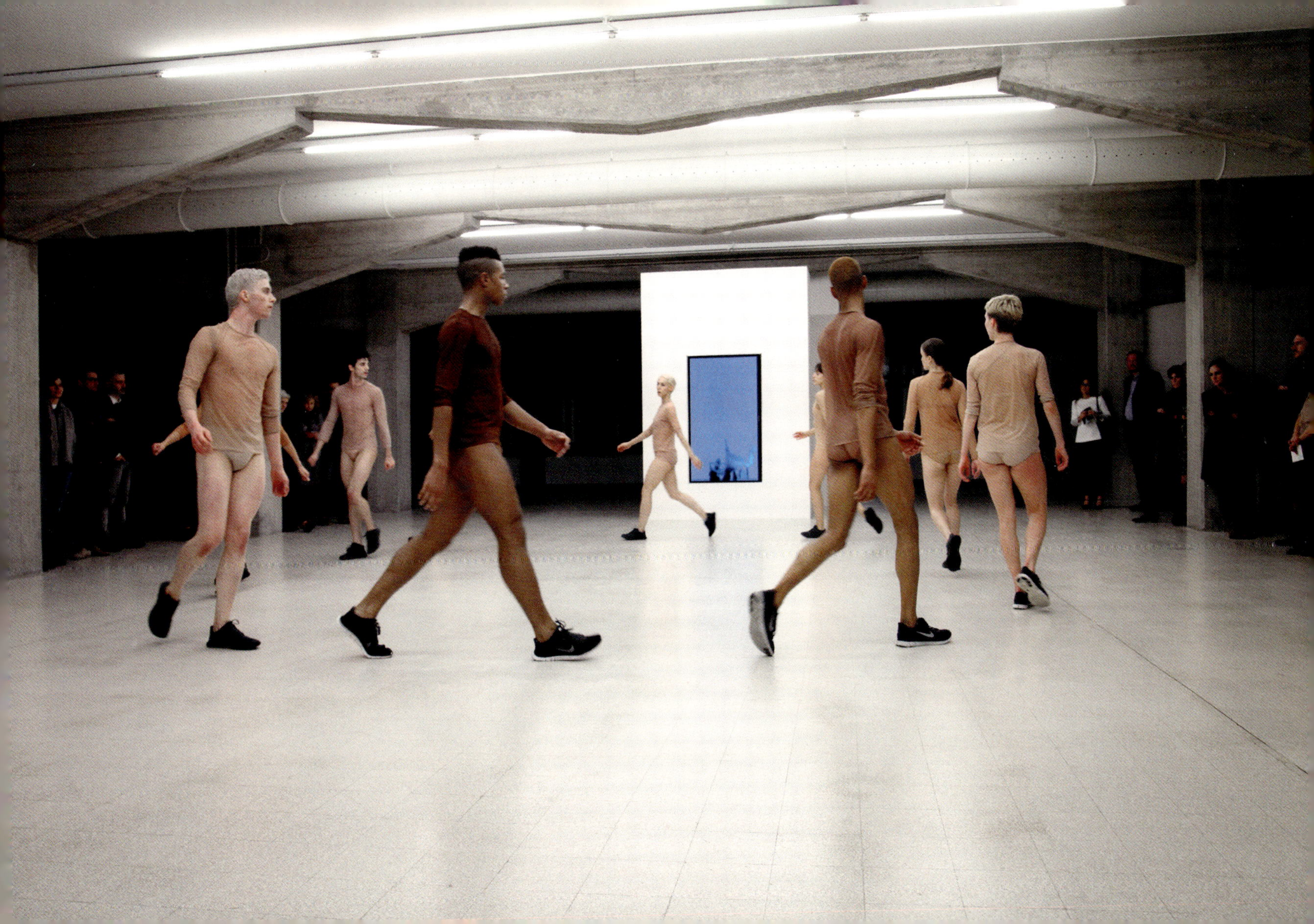

prove / rehearsals

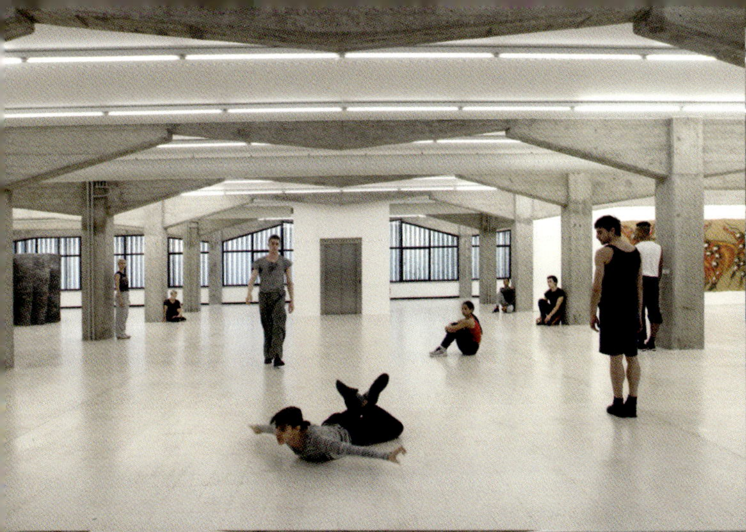
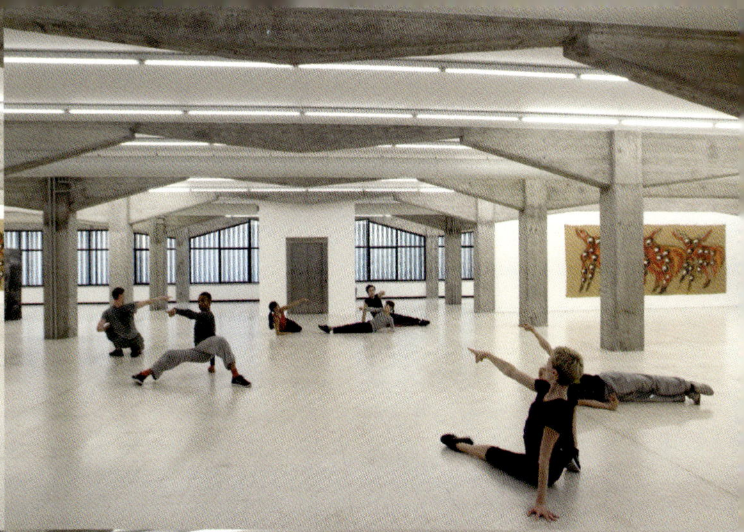
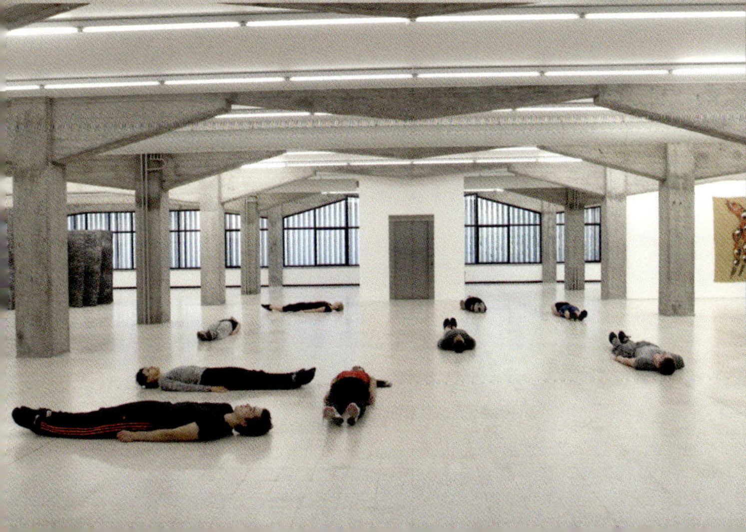
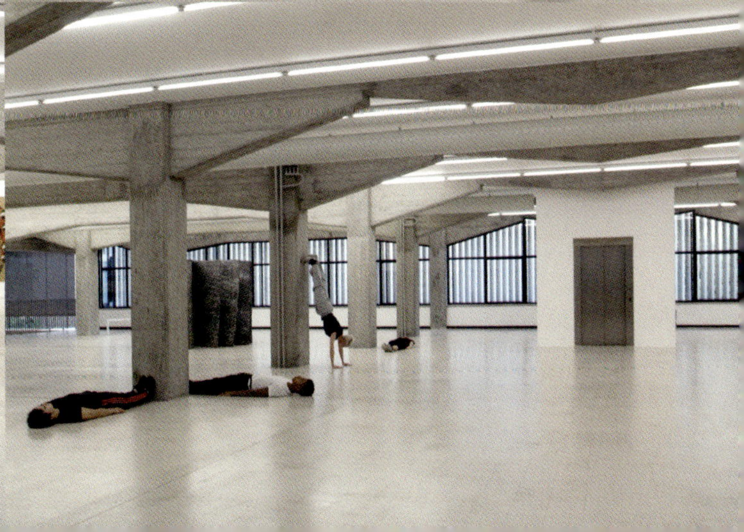

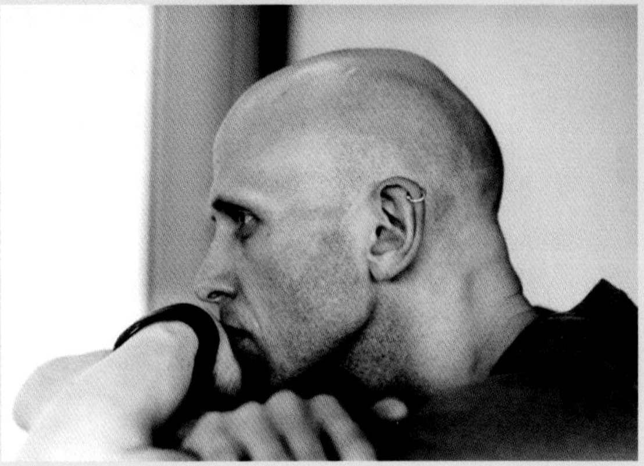

Biografia

Wayne McGregor è un pluripremiato coreografo e regista britannico, famoso nel mondo per le sue coreografie quasi al limite delle capacità fisiche umane e per le collaborazioni all'avanguardia che coinvolgono la danza, il cinema, la musica, le arti visive, la tecnologia e la scienza. È direttore artistico della Wayne McGregor | Random Dance, compagnia residente al Sadler's Wells, e coreografo stabile del Royal Ballet. Ha ricevuto un dottorato Honoris Causa in Scienze dalla Plymouth University ed è Professore di Coreografia al Trinity Laban Conservatoire of Music and Dance. Nel gennaio 2011 ha ricevuto l'onorificenza CBE (Comandante dell'Ordine dell'Impero Britannico) per i servizi resi nel campo della danza.

Creazioni recenti: *Kairos* per il Zurich Ballet, *Tetractys – The Art of Fugue* per The Royal Ballet, *Atomos* per la Wayne McGregor | Random Dance, e *Borderlands* per il San Francisco Ballet. Ha firmato la coreografia del videoclip *Lotus Flower* dei Radiohead, ricevendo la nomination al Grammy, e il video *Ingenue* per gli Atoms for Peace. Nell'ottobre 2013 ha presentato *Thinking with the Body* presso la Wellcome Collection, una mostra che esplora la sua ricerca collaborativa nel pensiero coreografico.

Creazioni commissionate: *Kairos* (Zurich Ballet); *Tetractys – The Art of Fugue, Amber, Raven Girl, Machina* for *Metamorphosis: Titian 2012, Carbon Life, Live Fire Exercise, Limen, Infra, Chroma, Nimbus, Engram, Qualia, brainstate, Symbiont(s)* (The Royal Ballet); *Borderlands* (San Francisco Ballet); *Outlier* (New York City Ballet); *Dyad 1929* (Australian Ballet); *Genus* (Ballet national de l'Opéra de Paris); *Skindex, Re:Nature* (NDT1); *Yantra, Eden/Eden, Nautilus* (Stuttgarter Ballett); *2Human* (English National Ballet); *PreSentient, detritus* (Rambert Dance Company).

Repertorio: *Chroma* (National Ballet of Canada, San Francisco Ballet, Bolshoi Ballet, Royal Danish Ballet, Boston Ballet, Alvin Ailey American Dance Theater, Australian Ballet); *Infra* (Joffrey Ballet, Royal Ballet of Flanders, Mariinsky Ballet); *Eden/Eden* (San Francisco Ballet, Atlanta Ballet); *PreSentient* (Tulsa Ballet).

Biography

Wayne McGregor is a multi-award-winning British choreographer and director, internationally renowned for his physically testing choreography and groundbreaking collaborations across dance, film, music, visual art, technology and science. He is Artistic Director of Wayne McGregor | Random Dance, Resident Company at Sadler's Wells, and Resident Choreographer of The Royal Ballet. He has an Honorary Doctor of Science degree from Plymouth University and is Professor of Choreography at Trinity Laban Conservatoire of Music and Dance. In January 2011 he was appointed CBE (Commander of the Order of the British Empire) for services to dance.

Recent creations: *Kairos* for Zurich Ballet, *Tetractys – The Art of Fugue* for The Royal Ballet, *Atomos* for Wayne McGregor | Random Dance, and *Borderlands* for San Francisco Ballet. He choreographed the video for Radiohead's *Lotus Flower*, receiving a Grammy nomination, and the *Ingenue* video for Atoms for Peace. In October 2013 he presented *Thinking with the Body* at Wellcome Collection, an exhibition exploring his collaborative enquiry into choreographic thinking.

Commissioned Works: *Kairos* (Zurich Ballet); *Tetractys – The Art of Fugue, Amber, Raven Girl, Machina* for *Metamorphosis: Titian 2012, Carbon Life, Live Fire Exercise, Limen, Infra, Chroma, Nimbus, Engram, Qualia, brainstate, Symbiont(s)* (The Royal Ballet); *Borderlands* (San Francisco Ballet); *Outlier* (New York City Ballet); *Dyad 1929* (Australian Ballet); *Genus* (Ballet national de l'Opéra de Paris); *Skindex, Re:Nature* (NDT1); *Yantra, Eden/Eden, Nautilus* (Stuttgarter Ballett); *2Human* (English National Ballet); *PreSentient, detritus* (Rambert Dance Company).

Repertoire: *Chroma* (National Ballet of Canada, San Francisco Ballet, Bolshoi Ballet, Royal Danish Ballet, Boston Ballet, Alvin Ailey American Dance Theater, Australian Ballet); *Infra* (Joffrey Ballet, Royal Ballet of Flanders, Mariinsky Ballet); *Eden/Eden* (San Francisco Ballet, Atlanta Ballet); *PreSentient* (Tulsa Ballet).

Opera: *Sum* (ROH), *Dido and Aeneas*, *Acis and Galatea* (The Royal Opera / The Royal Ballet); *Dido and Aeneas* (Teatro alla Scala, Milano); *The Midsummer Marriage* (Lyric Opera of Chicago); *La Bohème*, *Le nozze di Figaro*, *Hansel and Gretel*, *Orpheus et Eurydice* (Scottish Opera); *Salome* (English National Opera); *Manon* (English Touring Opera); *The Mikado*, *Rinaldo* (Grange Park Opera).

Teatro: *Kirikou et Karaba* (Casino de Paris); *Breakfast at Tiffany's*, *Ring Round the Moon* (West End); *Aladdin* con Ian McKellen; *The Woman in White* (London & Broadway); *Cloaca* (The Old Vic); *A Little Night Music*, *Antony and Cleopatra* (National Theatre); *Much Ado About Nothing*, *You Never Can Tell* (Peter Hall Company); *Cleansed* (Royal Court Theatre).

Cinema e Televisione: *Ingenue*, videoclip realizzato per gli Atoms for Peace; *Lotus Flower*, videoclip realizzato per i Radiohead; *Harry Potter e il calice di fuoco* (Warner Bros); Tiny Dancer (Elton John's Million Dollar Piano, Caesar's Palace); *DICE Life*, *Bent*, *Tremor* (Channel Four); *Chrysalis*, *Entity*, *Sur les traces de Kirikou*, *Kirikou et Karaba* (Arte); *Horizone*, *Nemesis*, *Symbiont(s)*, *Dance USA*, *Infra*, *Physical Dysfunctional*, *Dyad 1909* (BBC); *Chroma*, *Infra*, *Limen*, *Dido and Aeneas*, *Acis and Galatea* (Opus Arte); *The South Bank Show*, *Wayne McGregor: Across The Threshold* (ITV); *The Culture Show* (BBC); *Wayne McGregor - Going Somewhere* (Les Films du présent); *Wayne McGregor - A Moment in Time*, documentario a cura di Catherine Maximoff per Arte France; *La Danse*, film documentario a cura di Fred Wiseman (distribuito nei circuiti cinematografici mainstream); Hardtalk per la BBC.

Riconoscimenti: CBE (Commander of the Order of the British Empire) per la sua dedizione alla danza (gennaio 2011); premio della critica per *Chroma* al Golden Mask Awards, Bolshoi Ballet (2012); Benois de la danse per *Infra*, The Royal Ballet (2009); Coreografo dell'anno, premio ricevuto da Ballet Tanz (2009); International Theatre Institute Award for Excellence in Dance (2009); South Bank Show Award for Dance per *Entity*, Wayne McGregor | Random Dance, e *Infra*, The Royal Ballet (2009); Movimentos Award per *Entity*, Wayne McGregor | Random Dance (2009); tre Critics' Circle Awards (*Amu*, Wayne McGregor | Random Dance; *Chroma*, *Infra*, The Royal Ballet); Laurence Olivier Award for Best New Dance Production per *Chroma*, The Royal Ballet (2007); South Bank Show Award for Dance (programma del Royal Ballet, che includeva *Chroma*, 2007); Laurence Olivier Award for Outstanding Achievement in Dance per *2Human*, English National Ballet (2004); Time Out Awards for Outstanding Achievement in Dance (ricevuto due volte, 2001-2003), IMZ Dance Screen Award (2002).

Opera: *Sum* (ROH), *Dido and Aeneas*, *Acis and Galatea* (The Royal Opera / The Royal Ballet); *Dido and Aeneas* (Teatro alla Scala, Milan); *The Midsummer Marriage* (Lyric Opera of Chicago); *La Bohème*, *The Marriage of Figaro*, *Hansel and Gretel*, *Orpheus and Eurydice* (Scottish Opera); *Salome* (English National Opera); *Manon* (English Touring Opera); *The Mikado*, *Rinaldo* (Grange Park Opera).

Theatre: *Kirikou et Karaba* (Casino de Paris); *Breakfast at Tiffany's*, *Ring Round the Moon* (West End); *Aladdin* with Ian McKellen; *The Woman in White* (London & Broadway); *Cloaca* (The Old Vic); *A Little Night Music*, *Antony and Cleopatra* (National Theatre); *Much Ado About Nothing*, *You Never Can Tell* (Peter Hall Company); *Cleansed* (Royal Court Theatre).

Cinema and Television: *Ingenue* music video for Atoms for Peace; *Lotus Flower*, music video for Radiohead; *Harry Potter and the Goblet of Fire* (Warner Bros); Tiny Dancer (Elton John's Million Dollar Piano, Caesar's Palace); *DICE Life*, *Bent*, *Tremor* (Channel Four); *Chrysalis*, *Entity*, *Sur les traces de Kirikou*, *Kirikou et Karaba* (Arte); *Horizone*, *Nemesis*, *Symbiont(s)*, *Dance USA*, *Infra*, *Physical Dysfunctional*, *Dyad 1909* (BBC); *Chroma*, *Infra*, *Limen*, *Dido and Aeneas*, *Acis and Galatea* (Opus Arte); *The South Bank Show*, *Wayne McGregor: Across The Threshold* (ITV); *The Culture Show* (BBC); *Wayne McGregor - Going Somewhere* (Les Films du présent); *Wayne McGregor - A Moment In Time*, documentary by Catherine Maximoff for Arte France; *La Danse*, documentary film by Fred Wiseman (mainstream cinema distribution); Hardtalk for the BBC.

Awards: CBE (Commander of the Order of the British Empire) for services to dance (January 2011); Golden Mask Awards Critics' prize for *Chroma*, Bolshoi Ballet (2012); Benois de la danse prize for *Infra*, The Royal Ballet (2009); Ballet Tanz's Choreographer of the Year (2009); International Theatre Institute Award for Excellence in Dance (2009); South Bank Show Award for Dance for *Entity*, Wayne McGregor | Random Dance, and *Infra*, The Royal Ballet (2009); Movimentos Award for *Entity*, Wayne McGregor | Random Dance (2009); three Critics Circle Awards (*Amu*, Wayne McGregor | Random Dance; *Chroma*, *Infra*, The Royal Ballet); Laurence Olivier Award for Best New Dance Production for *Chroma*, The Royal Ballet (2007); South Bank Show Award for Dance (Royal Ballet programme, which included *Chroma*, 2007); Laurence Olivier Award for Outstanding Achievement in Dance for *2Human*, English National Ballet (2004); Time Out Awards for Outstanding Achievement in Dance (received twice, 2001 and 2003), IMZ Dance Screen Award (2002).

Wayne McGregor | Random Dance

Wayne McGregor | Random Dance è stata fondata nel 1992 ed è presto diventata lo strumento attraverso il quale McGregor ha sviluppato il suo stile coreografico, veloce e articolato. Grazie al suo lavoro incentrato sulla collaborazione, McGregor ha apportato uno spirito d'innovazione nelle sue nuove opere con artisti di fama mondiale quali i compositori Scanner, Jon Hopkins e Ben Frost; gli artisti visivi Mark Wallinger e rAndom International; i cineasti Jane e Louise Wilson e Ravi Deepres. La collaborazione con le comunità scientifiche e tecnologiche ha alimentato una coreografia frutto di esplorazioni nei processi di ricerca cognitiva radicale. Questo singolare e tenace interrogarsi che si instaura tra gli artisti e i mezzi artistici, attraverso l'interfaccia di scienza e arte, e attraverso il corpo e la mente, ha fatto sì che la Wayne McGregor | Random Dance sia rimasta all'avanguardia dell'arte contemporanea negli ultimi 20 anni.

Wayne McGregor | Random Dance è la compagnia stabile di Sadler's Wells, Londra. Wayne McGregor è coreografo stabile del Royal Ballet. Nel gennaio 2011 ha ricevuto l'onorificenza CBE (Comandante dell'Ordine dell'Impero Britannico) per i servizi resi nel campo della danza.

www.randomdance.org

Wayne McGregor | Random Dance

Wayne McGregor | Random Dance was founded in 1992 and became the instrument upon which McGregor evolved his fast and articulate choreographic style. With collaboration at the centre of his practice, McGregor has innovated new work with world class artists including composers Scanner, Jon Hopkins and Ben Frost; visual artists Mark Wallinger and rAndom International; and filmmakers Jane and Louise Wilson and Ravi Deepres. Collaboration with science and technology communities has also fuelled choreography mined from radical cognitive research processes. This unique, tenacious questioning between artists and artistic mediums, across the interface of science and art, through the body and mind, has ensured that Wayne McGregor | Random Dance has remained at the forefront of contemporary arts for the past 20 years.

Wayne McGregor | Random Dance is Resident Company of Sadler's Wells, London. Wayne McGregor is Resident Choreographer of The Royal Ballet. In January 2011, McGregor was awarded a CBE (Commander of the Order of the British Empire) for Services to Dance.

www.randomdance.org

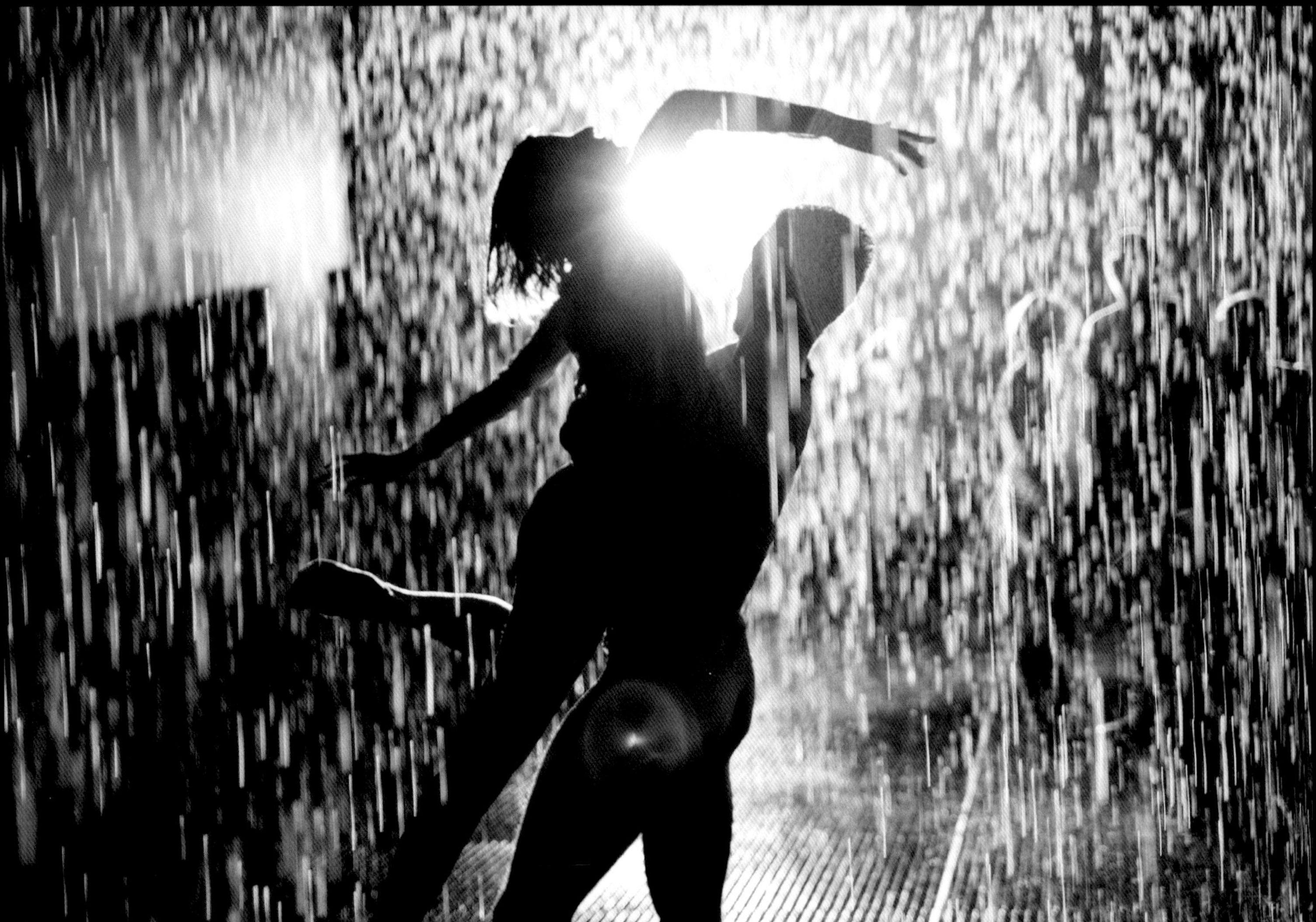

Wayne McGregor | Random Dance
rAndom International: Rain Room
Barbican Centre, London, 2012
Ph. C. Sidd Khajuria

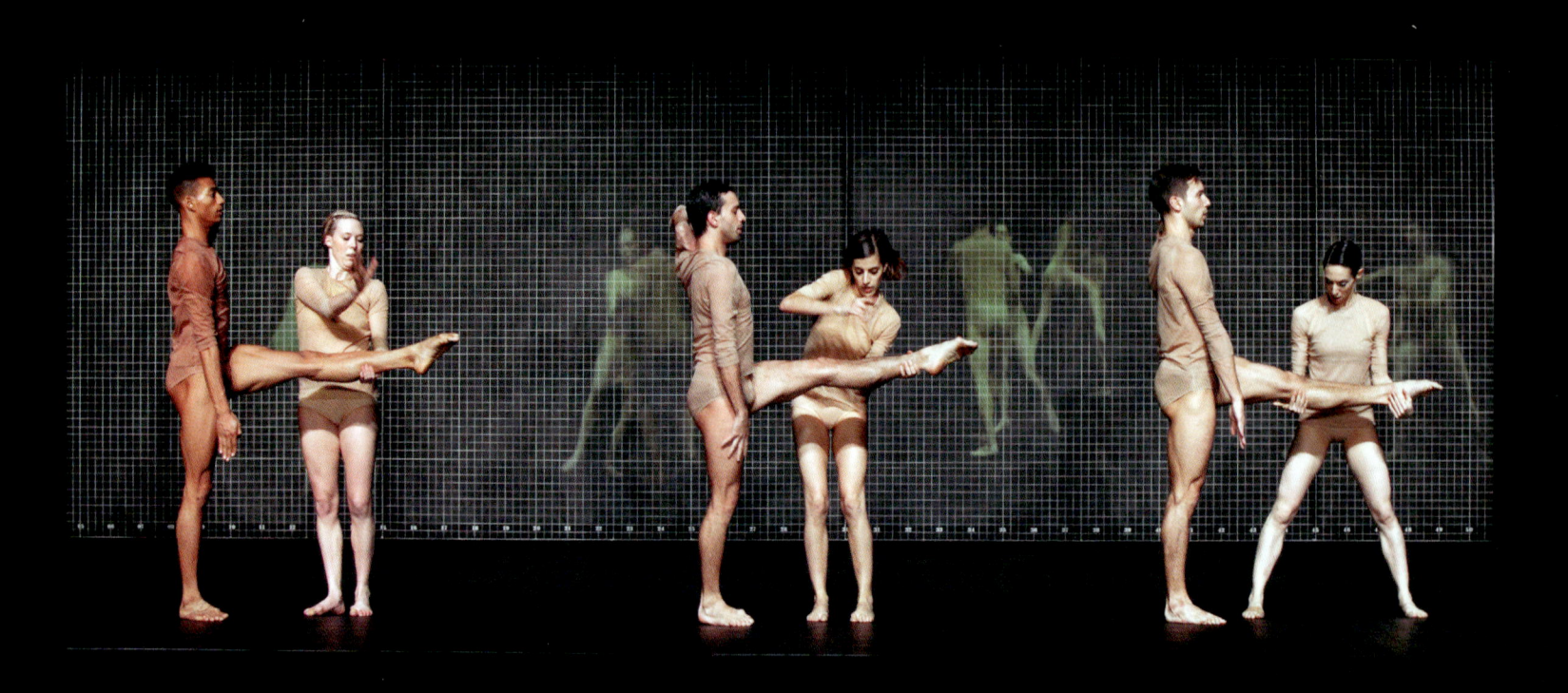

Wayne McGregor | Random Dance
UNDANCE
Sadler's Wells, London, 2011
Ph. C. Ravi Deepres

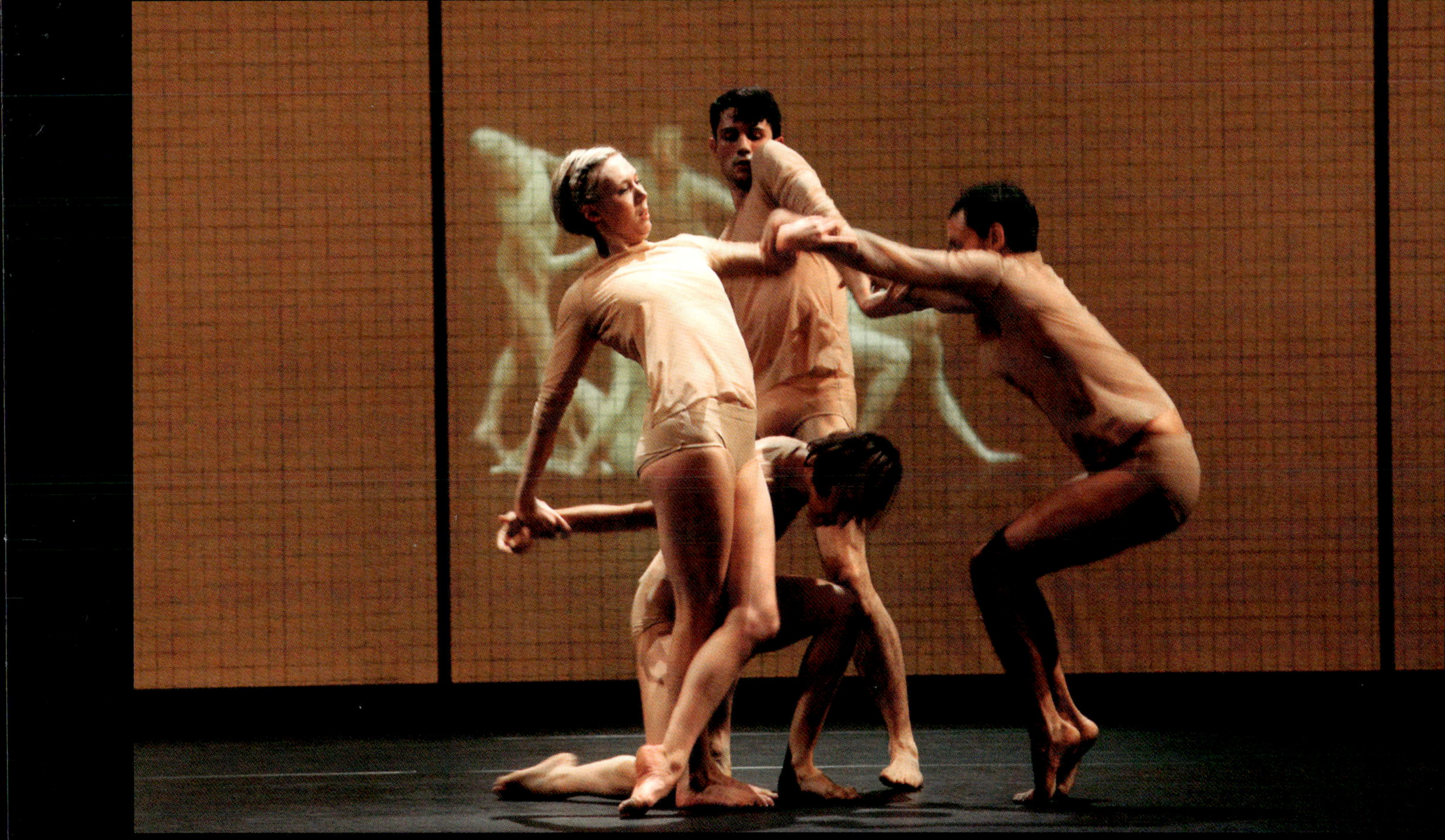

Wayne McGregor | Random Dance
FAR
2010
Ph. C. Ravi Deepres

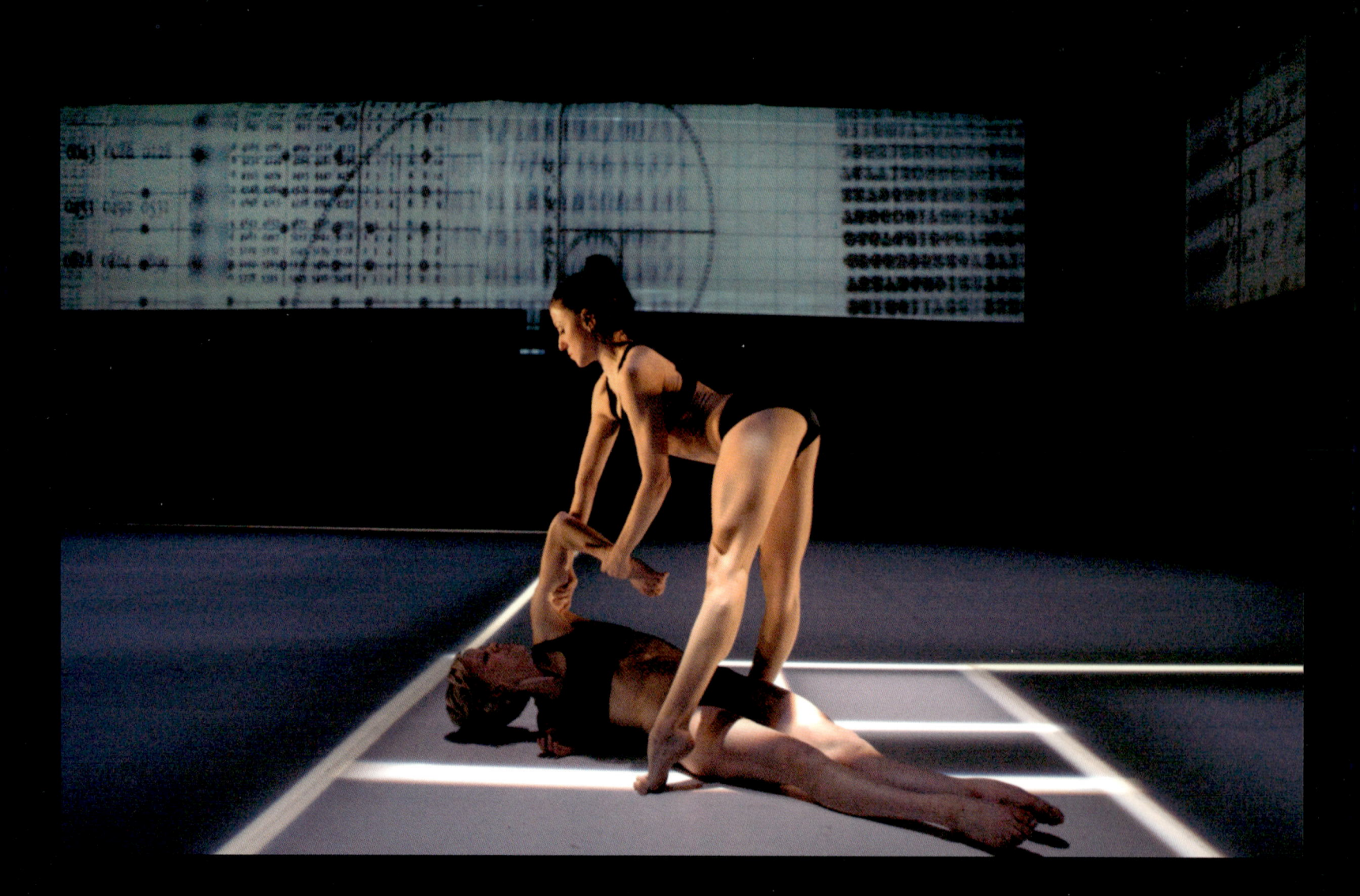

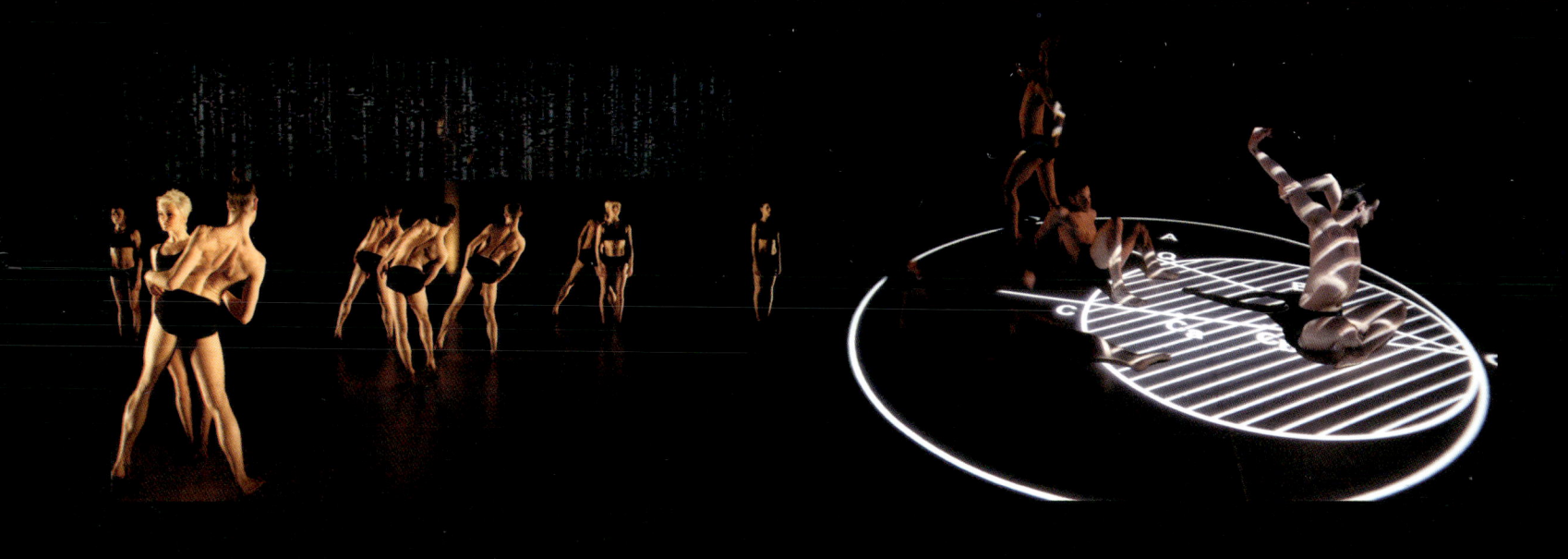

Wayne McGregor | Random Dance
Entity
2008
Ph. C. Ravi Deepres

collezionemaramotti **MaxMara** **iTeatri** REGGIO EMILIA

Wayne McGregor | Random Dance

La grammatica del corpo: un incontro
tra danza, tecnologia e architettura
The grammar of the body: an encounter
between dance, technology and architecture

Volume realizzato in occasione del progetto per
Collezione Maramotti e Fondazione I Teatri di Reggio Emilia /
Book realized on the occasion of the project for
Collezione Maramotti and Fondazione I Teatri of Reggio Emilia
Reggio Emilia, 15-17 Novembre / November 2013
Aperto festival 2013

Intervista a / Interview with Wayne McGregor
Elena del Drago

Traduzioni / Translations
Studio Tre, Reggio Emilia
Maura Vecchietti

Foto di / Photos of *Scavenger*
Dario Lasagni

Foto di / Photos of *Atomos*
Ravi Deepres

in copertina / cover
Wayne McGregor | Random Dance
Scavenger, 2013
Ph. C. Dario Lasagni

a pagina 2 / page 2
Wayne McGregor | Random Dance
Atomos, 2013
Ph. C. Rick Guest with Olivia Pomp

Silvana Editoriale

Direzione editoriale / Direction
Dario Cimorelli

Art Director
Giacomo Merli

Coordinamento organizzativo
Production Coordinator
Michela Bramati

Redazione / Copy Editor
Paola Rossi

Impaginazione / Layout
Mirco Ameglio

Segreteria di redazione / Editorial Assistant
Emma Altomare

Ufficio iconografico / Photo Editors
Alessandra Olivari, Silvia Sala

Ufficio stampa / Press Office
Lidia Masolini, press@silvanaeditoriale.it

Diritti di riproduzione e traduzione riservati per tutti i Paesi
All reproduction and translation rights reserved for all
countries
© 2014 Collezione Maramotti, Reggio Emilia; Fondazione
I Teatri, Reggio Emilia; Silvana Editoriale, Cinisello
Balsamo, Milano per l'edizione / for the edition
© 2014 Elena del Drago e / and Wayne McGregor per
l'intervista / for the interview
© 2014 Wayne McGregor, Dario Lasagni, Ravi Deepres,
Rick Guest with Olivia Pomp per le fotografie
degli spettacoli di McGregor / for the photos
of McGregor's pieces
© 2014 Studio Tre, Maura Vecchietti per le traduzioni /
for their translations

A norma della legge sul diritto d'autore
e del codice civile, è vietata la riproduzione, totale
o parziale, di questo volume in qualsiasi forma, originale
o derivata, e con qualsiasi mezzo a stampa, elettronico,
digitale, meccanico per mezzo di fotocopie, microfilm,
film o altro, senza il permesso scritto dell'editore.
Under copyright and civil law this volume cannot be
reproduced, wholly or in part, in any form, original
or derived, or by any means: print, electronic, digital,
mechanical, including photocopy, microfilm, film
or any other medium, without permission in writing from
the publisher.

Silvana Editoriale S.p.A.
via Margherita De Vizzi, 86
20092 Cinisello Balsamo, Milano
tel. 02 61 83 63 37
fax 02 61 72 464
www.silvanaeditoriale.it

Le riproduzioni, la stampa e la rilegatura
sono state eseguite in Italia
Finito di stampare nel mese di giugno 2014
Reproductions, printing and binding in Italy
Printed June 2014

Il presente volume è stampato in 500 copie
Printed in 500 copies

ISBN 9788836628889